GAS
SIRUP
KOMPOST-
MUNITIONSGERÄT
PIEP
PIEP
VOLL
QUAK
C

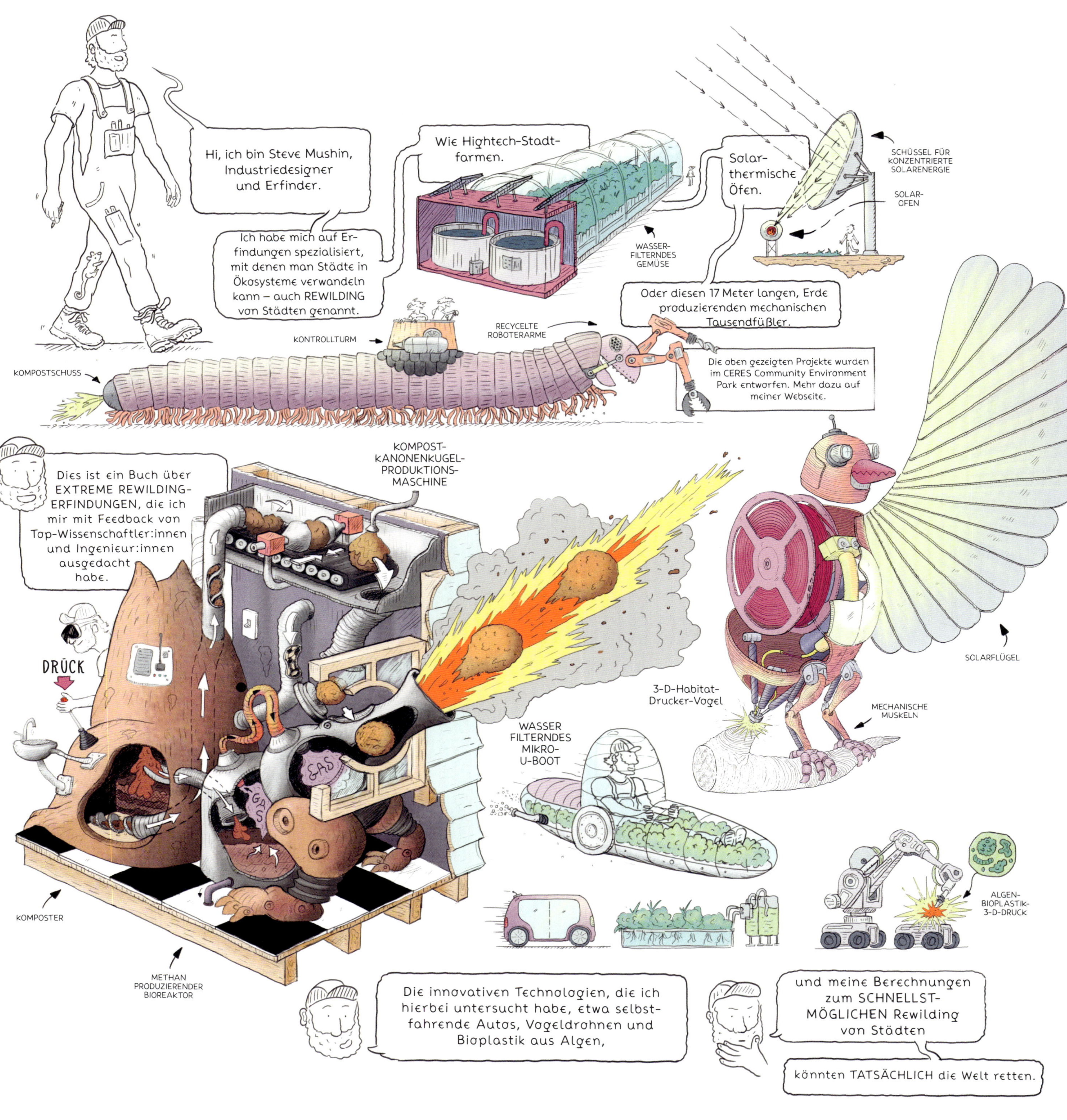
Hi, ich bin Steve Mushin, Industriedesigner und Erfinder.
Ich habe mich auf Erfindungen spezialisiert, mit denen man Städte in Ökosysteme verwandeln kann – auch REWILDING von Städten genannt.
Wie Hightech-Stadtfarmen.
WASSER-FILTERNDES GEMÜSE
Solarthermische Öfen.
SCHÜSSEL FÜR KONZENTRIERTE SOLARENERGIE
SOLAR-OFEN
Oder diesen 17 Meter langen, Erde produzierenden mechanischen Tausendfüßler.
KONTROLLTURM
RECYCELTE ROBOTERARME
KOMPOSTSCHUSS
Die oben gezeigten Projekte wurden im CERES Community Environment Park entworfen. Mehr dazu auf meiner Webseite.
Dies ist ein Buch über EXTREME REWILDING-ERFINDUNGEN, die ich mir mit Feedback von Top-Wissenschaftler:innen und Ingenieur:innen ausgedacht habe.
KOMPOST-KANONENKUGEL-PRODUKTIONS-MASCHINE
DRÜCK
GAS
GAS
KOMPOSTER
METHAN PRODUZIERENDER BIOREAKTOR
SOLARFLÜGEL
3-D-Habitat-Drucker-Vogel
MECHANISCHE MUSKELN
WASSER FILTERNDES MIKRO-U-BOOT
ALGEN-BIOPLASTIK-3-D-DRUCK
Die innovativen Technologien, die ich hierbei untersucht habe, etwa selbstfahrende Autos, Vogeldrohnen und Bioplastik aus Algen,
und meine Berechnungen zum SCHNELLST-MÖGLICHEN Rewilding von Städten
könnten TATSÄCHLICH die Welt retten.

ULTRAWILD

100 verrückte Ideen, mit denen du die Welt verändern kannst

STEVE MUSHIN

Aus dem Englischen von Janika Krichtel

Rotfuchs

KÖNNTEN WIR DEN KLIMAWANDEL PLATTMACHEN INDEM WIR ALLE STÄDTE IN URWÄLDER VERWANDELN?*

*Oder in das Ökosystem, das sie waren, bevor die Menschen es plattgemacht haben?

INHALT

WARNUNG: KEINE DIESER IDEEN HAT IRGENDEINE ART SICHERHEITSTEST DURCHLAUFEN.

Die Ideen in diesem Buch umfassen WOLKENKRATZERGROSSE Bioroboter, ABERWITZIGE Gebäudemodifikationen und auf Vorstädte losgelassene BRUTALE FLEISCHFRESSER – neben vielen anderen KOMPLETT ABSURD KLINGENDEN und HÖCHSTWAHRSCHEINLICH SCHRECKLICH GEFÄHRLICHEN Plänen, die sehr langweilige Menschen verängstigen könnten.

BITTE EXPERIMENTIERE TROTZDEM MIT IHNEN.

Entwickle DEINE VERSION dieser Ideen und verbreite, was du gelernt hast.

FRAG NICHT ZUERST UM ERLAUBNIS.

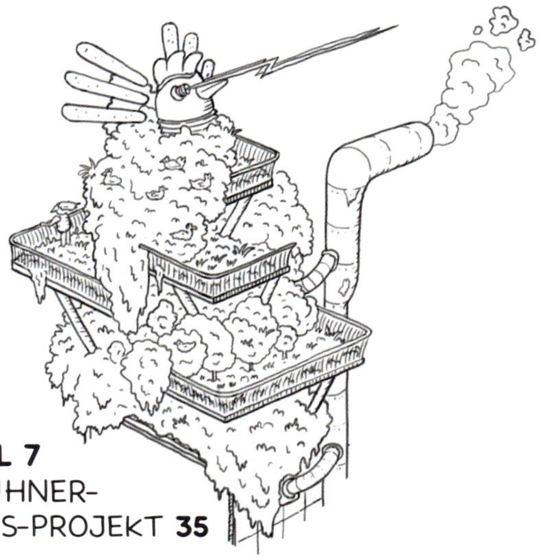

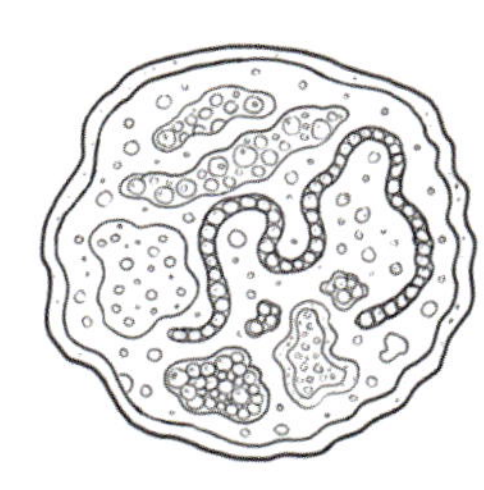

Wenn etwas schiefgeht, können wir immer noch sagen, wir wussten nicht, was passieren würde.

(Der Nutzen für unseren Planeten überwiegt hoffentlich jeden UNGLÜCKLICHEN UNFALL bei ersten Erforschungen.)

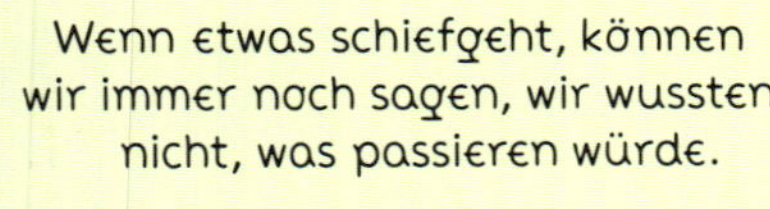

DIE WISSENSCHAFT

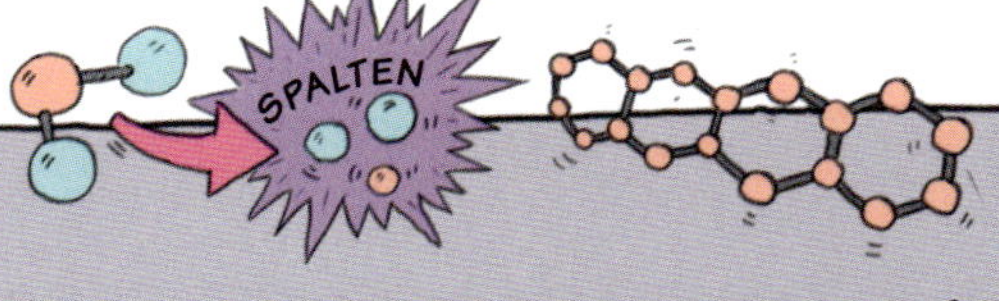

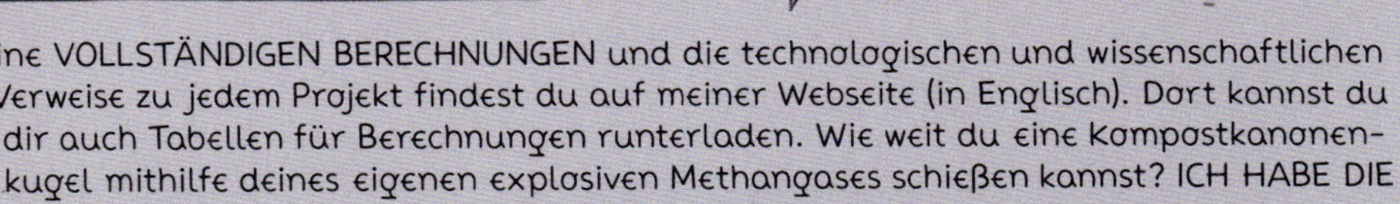

Meine VOLLSTÄNDIGEN BERECHNUNGEN und die technologischen und wissenschaftlichen Verweise zu jedem Projekt findest du auf meiner Webseite (in Englisch). Dort kannst du dir auch Tabellen für Berechnungen runterladen. Wie weit du eine Kompostkanonenkugel mithilfe deines eigenen explosiven Methangases schießen kannst? ICH HABE DIE INFOS, DIE DU BRAUCHST.

www.ultrawild.org

PROLOG

ABERWITZIGE IDEEN ALS BOOTCAMP FÜRS GEHIRN

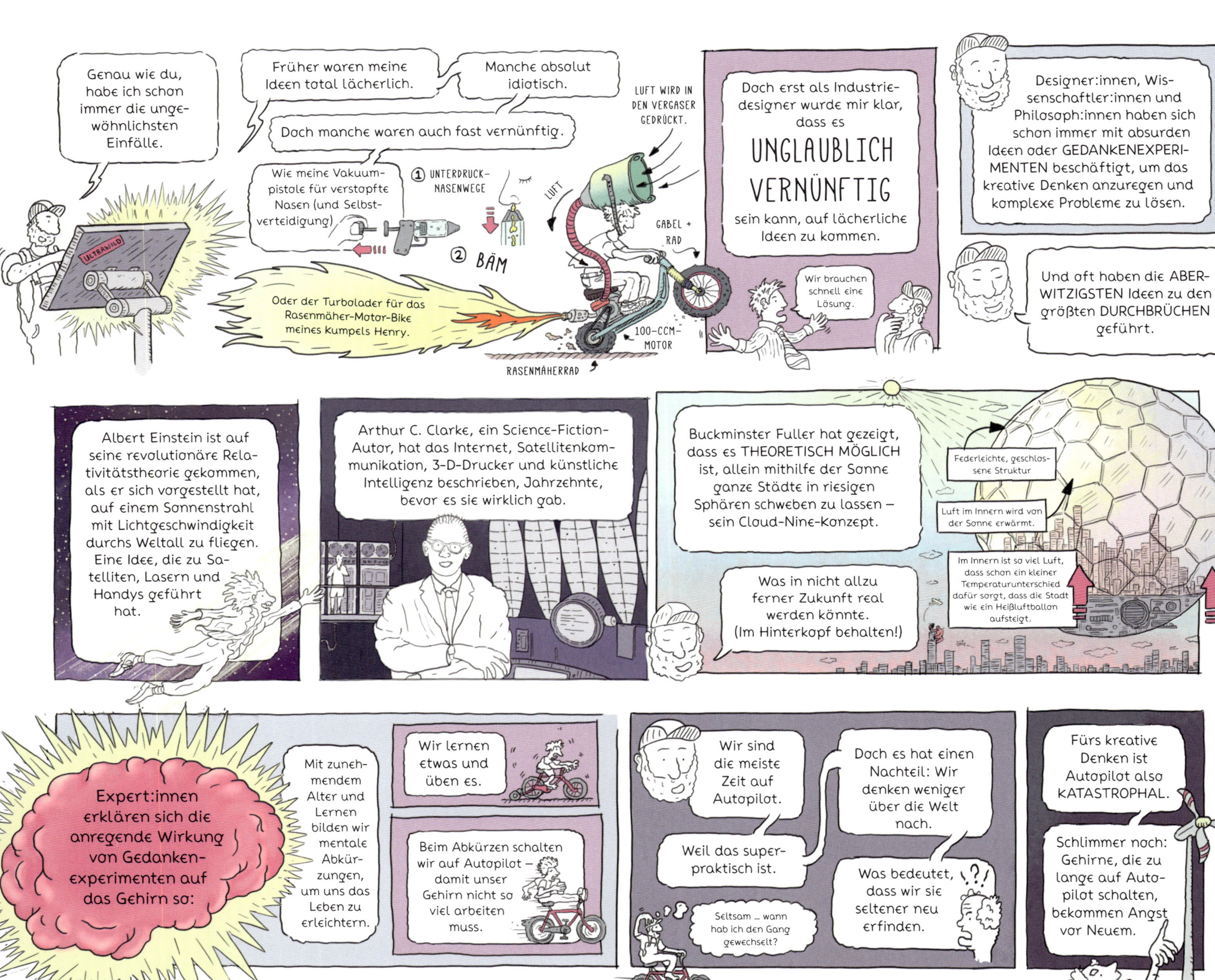

«(Die Fantasie) bringt Dinge, Tatsachen, Ideen, Konzepte in ursprünglichen, endlosen, immer neuen Kombinationen zusammen. (…) Sie ist es, die in die unsichtbare Welt um uns herum vordringt, in die Welt der Wissenschaft.»

ADA LOVELACE, weltweit erste Programmiererin. Sie hat vor 150 Jahren vorausgesagt, dass Computer eines Tages Musik komponieren und Bilder erstellen würden.

«Man kann Kreativität nicht aufbrauchen. Je mehr man sie einsetzt, desto mehr hat man von ihr.»

MAYA ANGELOU, Poetin und Bürgerrechtlerin

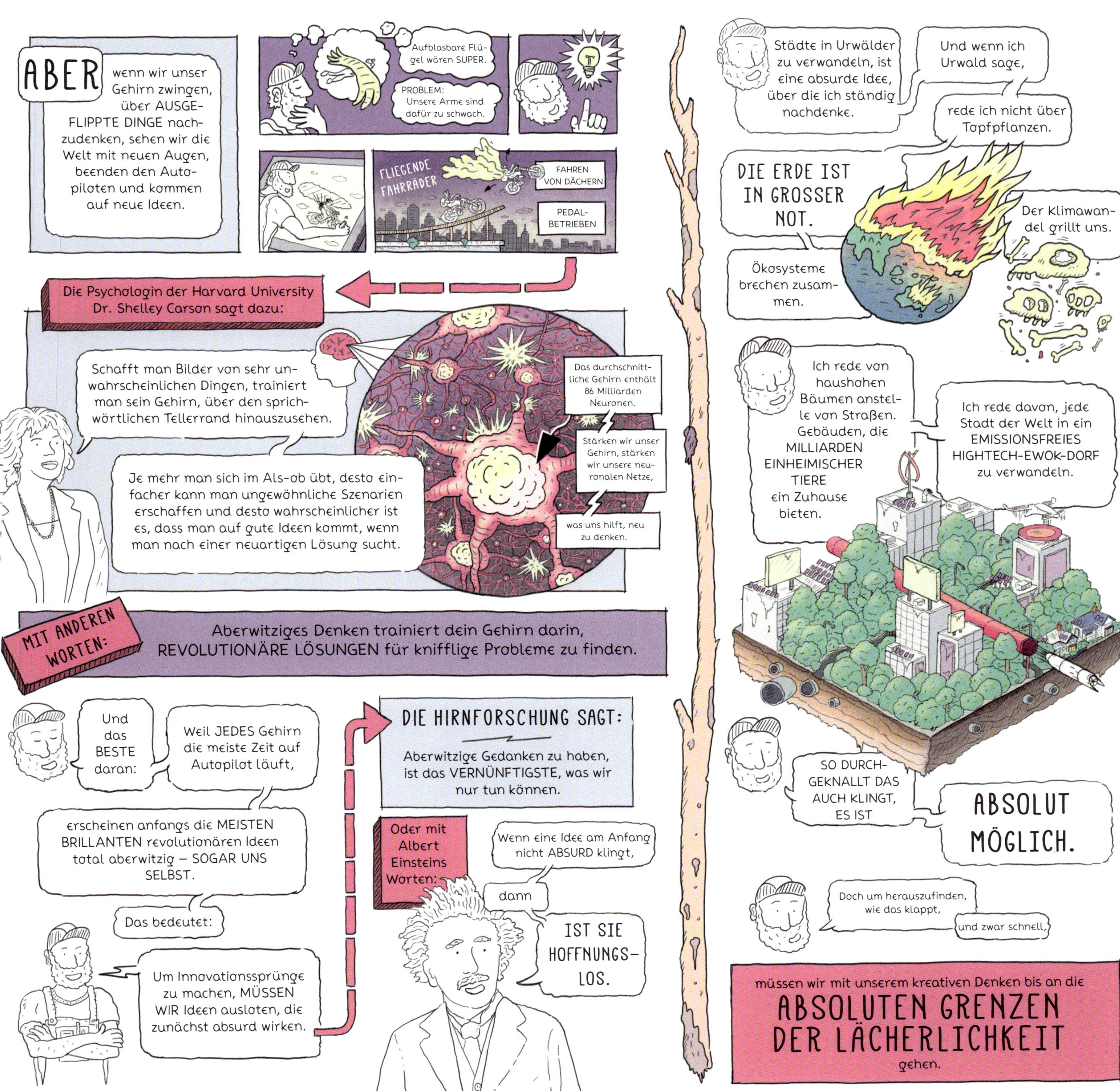

«Eine Idee, die nicht gefährlich ist, verdient es nicht, überhaupt Idee genannt zu werden.»

OSCAR WILDE, Dichter

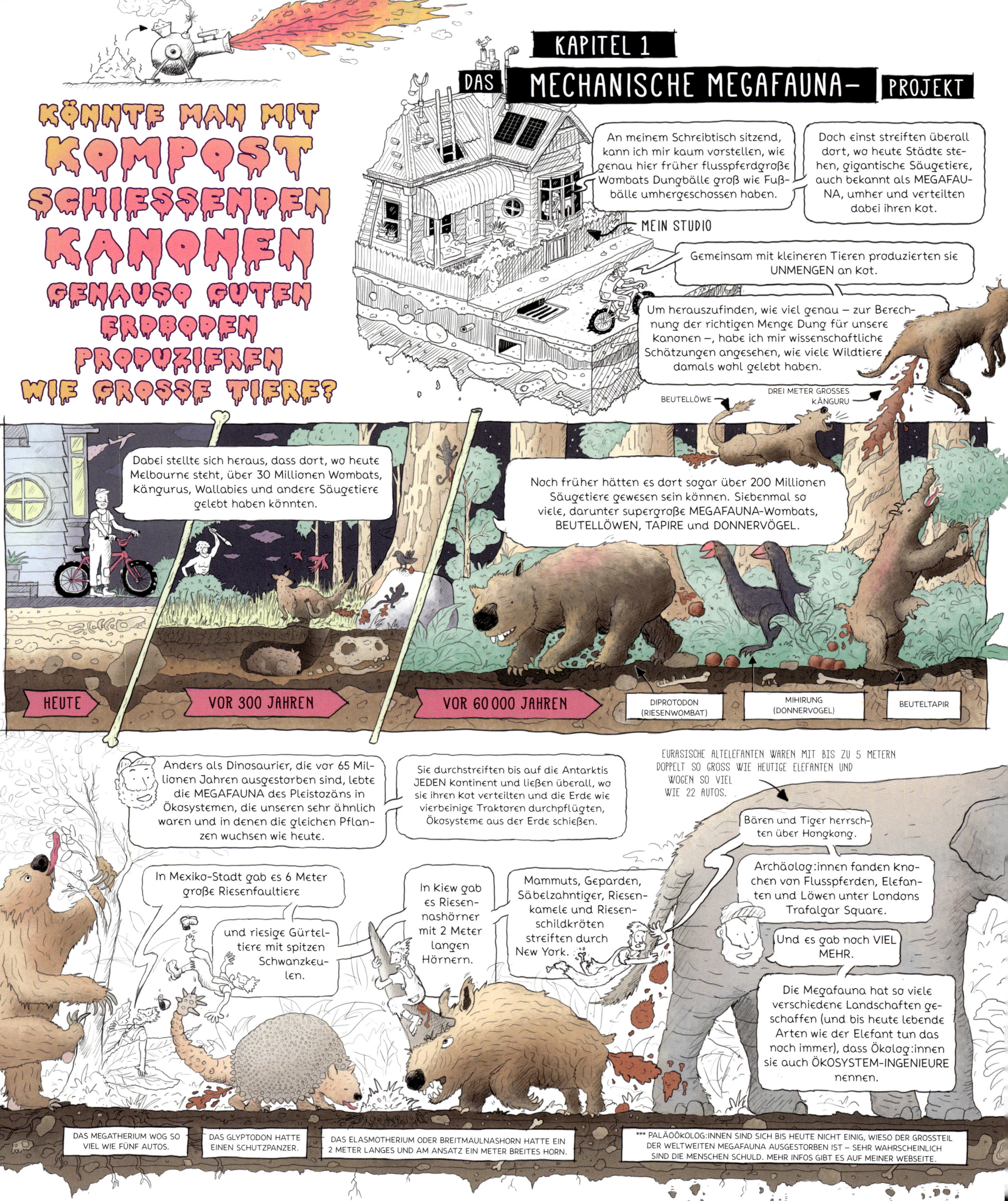KÖNNTE MAN MIT KOMPOST SCHIESSENDEN KANONEN GENAUSO GUTEN ERDBODEN PRODUZIEREN WIE GROSSE TIERE?
KAPITEL 1
DAS MECHANISCHE MEGAFAUNA-PROJEKT
An meinem Schreibtisch sitzend, kann ich mir kaum vorstellen, wie genau hier früher flusspferdgroße Wombats Dungbälle groß wie Fußbälle umhergeschossen haben.
Doch einst streiften überall dort, wo heute Städte stehen, gigantische Säugetiere, auch bekannt als MEGAFAUNA, umher und verteilten dabei ihren Kot.
MEIN STUDIO
Gemeinsam mit kleineren Tieren produzierten sie UNMENGEN an Kot.
Um herauszufinden, wie viel genau – zur Berechnung der richtigen Menge Dung für unsere Kanonen –, habe ich mir wissenschaftliche Schätzungen angesehen, wie viele Wildtiere damals wohl gelebt haben.
BEUTELLÖWE
DREI METER GROSSES KÄNGURU
Dabei stellte sich heraus, dass dort, wo heute Melbourne steht, über 30 Millionen Wombats, Kängurus, Wallabies und andere Säugetiere gelebt haben könnten.
Noch früher hätten es dort sogar über 200 Millionen Säugetiere gewesen sein können. Siebenmal so viele, darunter supergroße MEGAFAUNA-Wombats, BEUTELLÖWEN, TAPIRE und DONNERVÖGEL.
HEUTE
VOR 300 JAHREN
VOR 60 000 JAHREN
DIPROTODON (RIESENWOMBAT)
MIHIRUNG (DONNERVOGEL)
BEUTELTAPIR
Anders als Dinosaurier, die vor 65 Millionen Jahren ausgestorben sind, lebte die MEGAFAUNA des Pleistozäns in Ökosystemen, die unseren sehr ähnlich waren und in denen die gleichen Pflanzen wuchsen wie heute.
Sie durchstreiften bis auf die Antarktis JEDEN Kontinent und ließen überall, wo sie ihren Kot verteilten und die Erde wie vierbeinige Traktoren durchpflügten, Ökosysteme aus der Erde schießen.
EURASISCHE ALTELEFANTEN WAREN MIT BIS ZU 5 METERN DOPPELT SO GROSS WIE HEUTIGE ELEFANTEN UND WOGEN SO VIEL WIE 22 AUTOS.
In Mexiko-Stadt gab es 6 Meter große Riesenfaultiere
und riesige Gürteltiere mit spitzen Schwanzkeulen.
In Kiew gab es Riesennashörner mit 2 Meter langen Hörnern.
Mammuts, Geparden, Säbelzahntiger, Riesenkamele und Riesenschildkröten streiften durch New York.
Bären und Tiger herrschten über Hongkong.
Archäolog:innen fanden Knochen von Flusspferden, Elefanten und Löwen unter Londons Trafalgar Square.
Und es gab noch VIEL MEHR.
Die Megafauna hat so viele verschiedene Landschaften geschaffen (und bis heute lebende Arten wie der Elefant tun das noch immer), dass Ökolog:innen sie auch ÖKOSYSTEM-INGENIEURE nennen.
DAS MEGATHERIUM WOG SO VIEL WIE FÜNF AUTOS.
DAS GLYPTODON HATTE EINEN SCHUTZPANZER.
DAS ELASMOTHERIUM ODER BREITMAULNASHORN HATTE EIN 2 METER LANGES UND AM ANSATZ EIN METER BREITES HORN.
*** PALÄOÖKOLOG:INNEN SIND SICH BIS HEUTE NICHT EINIG, WIESO DER GROSSTEIL DER WELTWEITEN MEGAFAUNA AUSGESTORBEN IST – SEHR WAHRSCHEINLICH SIND DIE MENSCHEN SCHULD. MEHR INFOS GIBT ES AUF MEINER WEBSEITE.

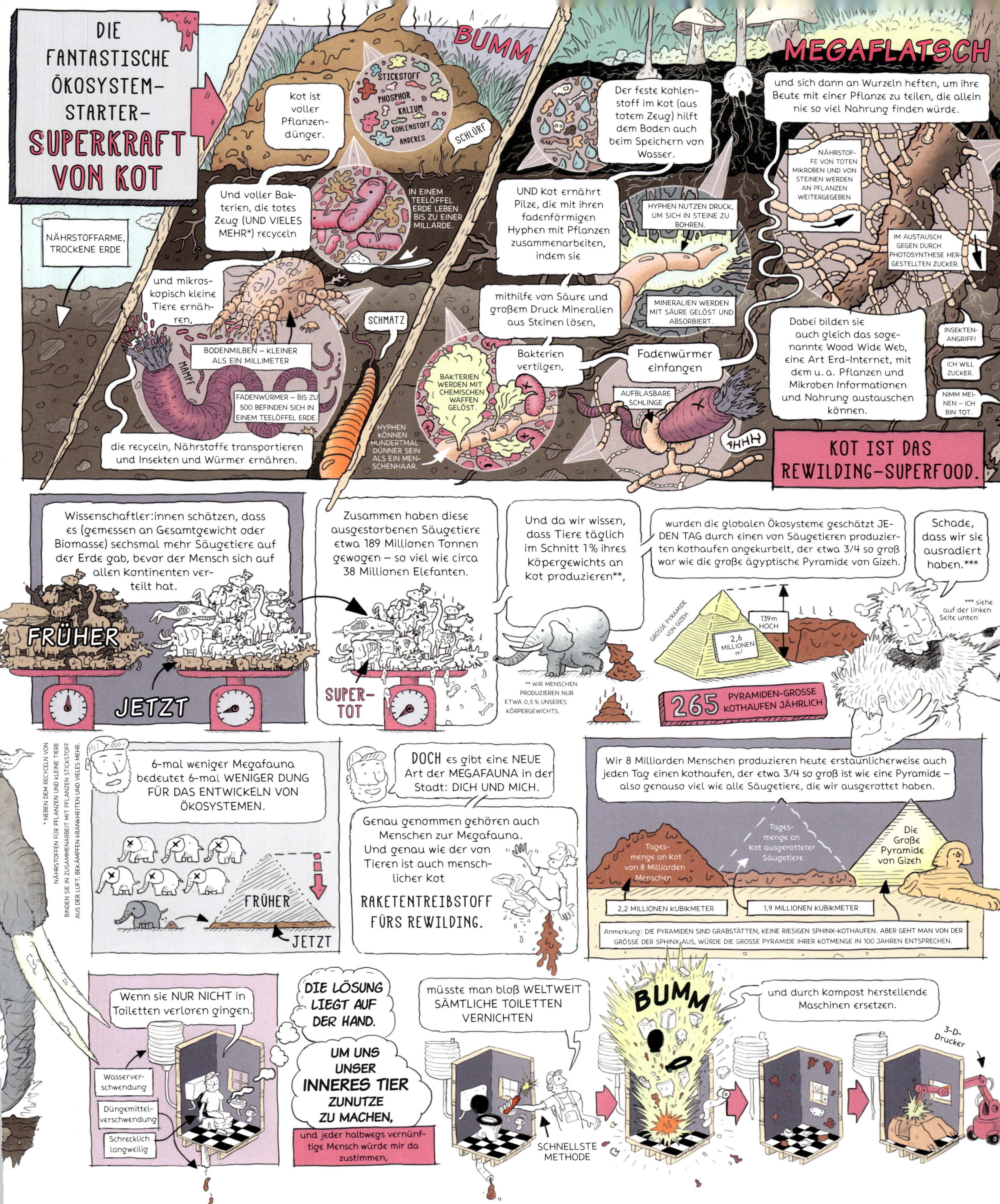

DIE FANTASTISCHE ÖKOSYSTEM-STARTER-SUPERKRAFT VON KOT
BUMM
MEGAFLATSCH
NÄHRSTOFFARME, TROCKENE ERDE
Kot ist voller Pflanzendünger.
STICKSTOFF
PHOSPHOR
KALIUM
KOHLENSTOFF
ANDERES
SCHLÜRF
Und voller Bakterien, die totes Zeug (UND VIELES MEHR*) recyceln
IN EINEM TEELÖFFEL ERDE LEBEN BIS ZU EINER MILLIARDE.
und mikroskopisch kleine Tiere ernähren,
BODENMILBEN – KLEINER ALS EIN MILLIMETER
MAMPF
FADENWÜRMER – BIS ZU 500 BEFINDEN SICH IN EINEM TEELÖFFEL ERDE.
die recyceln, Nährstoffe transportieren und Insekten und Würmer ernähren.
SCHMATZ
Der feste Kohlenstoff im Kot (aus totem Zeug) hilft dem Boden auch beim Speichern von Wasser.
UND Kot ernährt Pilze, die mit ihren fadenförmigen Hyphen mit Pflanzen zusammenarbeiten, indem sie
HYPHEN NUTZEN DRUCK, UM SICH IN STEINE ZU BOHREN.
mithilfe von Säure und großem Druck Mineralien aus Steinen lösen,
MINERALIEN WERDEN MIT SÄURE GELÖST UND ABSORBIERT.
Bakterien vertilgen,
BAKTERIEN WERDEN MIT CHEMISCHEN WAFFEN GELÖST.
HYPHEN KÖNNEN HUNDERTMAL DÜNNER SEIN ALS EIN MENSCHENHAAR.
Fadenwürmer einfangen
AUFBLASBARE SCHLINGE
AHHH
und sich dann an Wurzeln heften, um ihre Beute mit einer Pflanze zu teilen, die allein nie so viel Nahrung finden würde.
NÄHRSTOFFE VON TOTEN MIKROBEN UND VON STEINEN WERDEN AN PFLANZEN WEITERGEGEBEN
IM AUSTAUSCH GEGEN DURCH PHOTOSYNTHESE HERGESTELLTEN ZUCKER.
Dabei bilden sie auch gleich das sogenannte Wood Wide Web, eine Art Erd-Internet, mit dem u. a. Pflanzen und Mikroben Informationen und Nahrung austauschen können.
INSEKTENANGRIFF!
ICH WILL ZUCKER.
NIMM MEINEN – ICH BIN TOT.
KOT IST DAS REWILDING-SUPERFOOD.
Wissenschaftler:innen schätzen, dass es (gemessen an Gesamtgewicht oder Biomasse) sechsmal mehr Säugetiere auf der Erde gab, bevor der Mensch sich auf allen Kontinenten verteilt hat.
FRÜHER
JETZT
Zusammen haben diese ausgestorbenen Säugetiere etwa 189 Millionen Tonnen gewogen – so viel wie circa 38 Millionen Elefanten.
SUPER-TOT
Und da wir wissen, dass Tiere täglich im Schnitt 1% ihres Köpergewichts an Kot produzieren**,
** WIR MENSCHEN PRODUZIEREN NUR ETWA 0,5 % UNSERES KÖRPERGEWICHTS.
wurden die globalen Ökosysteme geschätzt JEDEN TAG durch einen von Säugetieren produzierten Kothaufen angekurbelt, der etwa 3/4 so groß war wie die große ägyptische Pyramide von Gizeh.
GROSSE PYRAMIDE VON GIZEH
139m HOCH
2,6 MILLIONEN m³
265 PYRAMIDEN-GROSSE KOTHAUFEN JÄHRLICH
Schade, dass wir sie ausradiert haben.***
*** siehe auf der linken Seite unten
* NEBEN DEM RECYCELN VON NÄHRSTOFFEN FÜR PFLANZEN UND KLEINE TIERE BINDEN SIE IN ZUSAMMENARBEIT MIT PFLANZEN STICKSTOFF AUS DER LUFT, BEKÄMPFEN KRANKHEITEN UND VIELES MEHR.
6-mal weniger Megafauna bedeutet 6-mal WENIGER DUNG FÜR DAS ENTWICKELN VON ÖKOSYSTEMEN.
FRÜHER
JETZT
DOCH es gibt eine NEUE Art der MEGAFAUNA in der Stadt: DICH UND MICH.
Genau genommen gehören auch Menschen zur Megafauna. Und genau wie der von Tieren ist auch menschlicher Kot
RAKETENTREIBSTOFF FÜRS REWILDING.
Wir 8 Milliarden Menschen produzieren heute erstaunlicherweise auch jeden Tag einen Kothaufen, der etwa 3/4 so groß ist wie eine Pyramide – also genauso viel wie alle Säugetiere, die wir ausgerottet haben.
Tagesmenge an Kot von 8 Milliarden Menschen
Tagesmenge an Kot ausgerotteter Säugetiere
Die Große Pyramide von Gizeh
2,2 MILLIONEN KUBIKMETER
1,9 MILLIONEN KUBIKMETER
Anmerkung: DIE PYRAMIDEN SIND GRABSTÄTTEN, KEINE RIESIGEN SPHINX-KOTHAUFEN. ABER GEHT MAN VON DER GRÖSSE DER SPHINX AUS, WÜRDE DIE GROSSE PYRAMIDE IHRER KOTMENGE IN 100 JAHREN ENTSPRECHEN.
Wenn sie NUR NICHT in Toiletten verloren gingen.
Wasserverschwendung
Düngemittelverschwendung
Schrecklich langweilig
DIE LÖSUNG LIEGT AUF DER HAND.
UM UNS UNSER INNERES TIER ZUNUTZE ZU MACHEN,
und jeder halbwegs vernünftige Mensch würde mir da zustimmen,
müsste man bloß WELTWEIT SÄMTLICHE TOILETTEN VERNICHTEN
SCHNELLSTE METHODE
BUMM
und durch Kompost herstellende Maschinen ersetzen.
3-D-Drucker

Wir brauchen Kompost herstellende Maschinen wie die Toiletten in Naturschutzgebieten – in denen Insekten, Mikroben, Hitze und Sauerstoff die Entstehung von Erde beschleunigen.

Bloß leicht umgewandelt zu MEGAFAUNA-VR-EMULATOREN.

LUFT-STROM

MEGAFAUNA-EMULATOR

TARGET

LAUB UND KOHLENSTOFF FÜR EINE BESCHLEUNIGTE ZERSETZUNG

Solche Maschinen könnten für ausreichend Dünger sorgen, um dem Rewilding von Städten den nötigen Schwung zu verpassen.

Wäre da nicht eine der ältesten Hürden der Menschheit:

EXTREM-RECYCLING

Menschlicher Kot wird von Insekten, Würmern, mikroskopisch kleinen Tieren und vor allem von Sauerstoff verzehrenden Mikroben namens AEROBEN BAKTERIEN in Pflanzennährstoff umgewandelt.

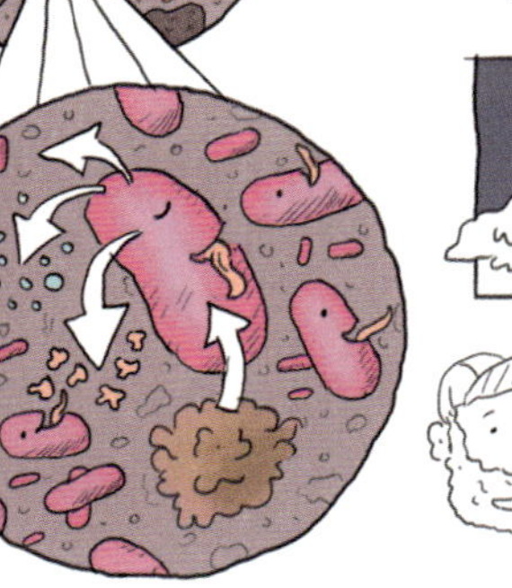

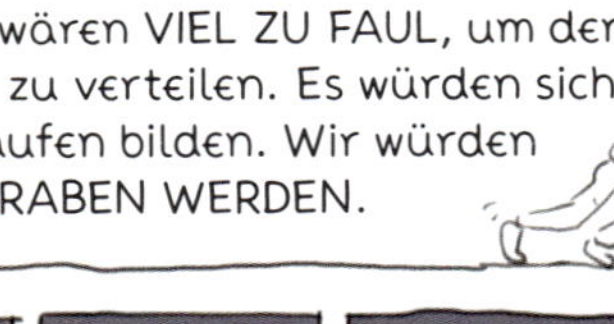

Viele wären VIEL ZU FAUL, um den Kompost zu verteilen. Es würden sich riesige Haufen bilden. Wir würden BEGRABEN WERDEN.

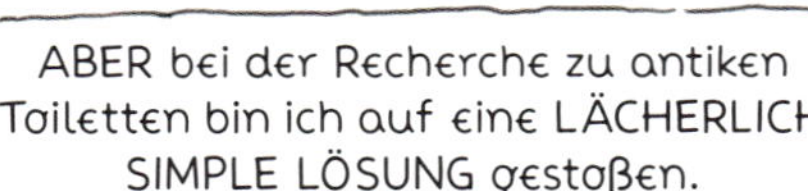

ABER bei der Recherche zu antiken Toiletten bin ich auf eine LÄCHERLICH SIMPLE LÖSUNG gestoßen.

EINE KURZE GESCHICHTE DES KOTS

FRÜHER

Man hat ihn einfach irgendwo liegen gelassen.

VOR 10 000 JAHREN

Als wir in Dörfern zu leben begannen, wurde es unschön.

VOR 2000 JAHREN

Die alten Römer hatten Spültoiletten, teilten sich Schwammstäbe zum Po-Abputzen und hofften, die gelegentlichen Methanexplosionen zu überleben.

METHAN

Aber die Idee mit der Spülung geriet für 1000 Jahre in Vergessenheit, als die Welt IM MITTELALTER alles Wissenschaftliche vergaß.

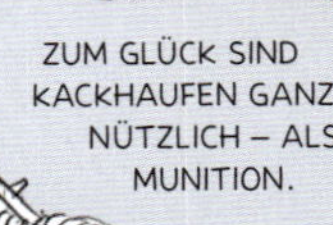

ZUM GLÜCK SIND KACKHAUFEN GANZ NÜTZLICH – ALS MUNITION.

VOR 1000 JAHREN

Die Chinesen erfanden Kompostklos und verwendeten den Kot zum Düngen.

Aber in Europa warfen die Menschen für weitere 800 Jahre ihren Kot einfach aus dem Fenster.

1596 BIS HEUTE

Die erste Spültoilette wurde für Königin Elisabeth I. erfunden. Seitdem hat sich die Lebenserwartung der Menschen verdoppelt, da weniger Menschen an durch Kot übertragenen Krankheiten sterben.

Trotzdem hat die Hälfte der Weltbevölkerung immer noch keine sichere Toilette, und verseuchtes Wasser tötet jährlich Hunderttausende Menschen.

Aber wenigstens gibt es in Japan sprechende Toiletten!

DIE ZUKUNFT

Auf der ganzen Welt werden inzwischen ziemlich coole Toiletten zum Recyceln von menschlichem Kot entwickelt. Etwa Urine-tricity++, eine in England entworfene Toilette mit Bioreaktor (zum Züchten von Mikroben), die Dünger und Strom zum Laden von Handys produziert.

Wissenschaftler Dr. Ioannis Ieropoulos

Und EcoBot-III, ein Roboter, der menschlichen Kot isst, den sein Bioreaktor-Magen in Nährstoffschlamm umwandelt. Daraus machen seine mikrobiellen Brennstoffzellen Strom, mit dem er sich bewegen und selbst aufs Klo gehen kann!

ANMERKUNG: BISHER WURDE NUR DER VERDAUUNGSMECHANISMUS VON ECOBOT-III ENTWICKELT. ICH RATE NUR, WIE DER ROBOTER ALS GANZES FUNKTIONIEREN KÖNNTE.

DIE LÄCHERLICH SIMPLE LÖSUNG

Explosives Methan, das aus Abflussrohren sprudelt und im alten Rom manch einem den Hintern verbrannt hat, könnte Kompost schießende Kanonen antreiben.

Im Prinzip gigantische Versionen der traditionellen japanischen Düngerkugel, bekannt als Nendo Dango oder Samenbombe.

WIE KANONEN AN TOILETTEN BEFESTIGT WERDEN

Anders als Sauerstoff liebende aerobe Bakterien, die in der Erde und Komposttern leben,

AEROBE BAKTERIEN ZERSETZEN ORGANISCHES MATERIAL.

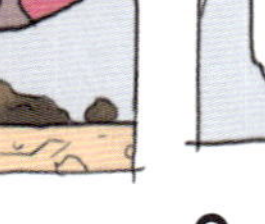

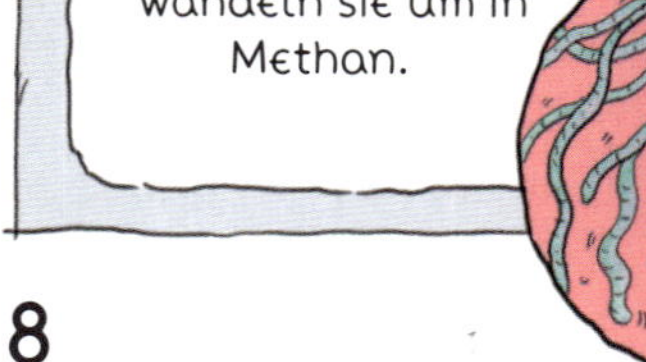

siedeln sich Sauerstoff hassende – anaerobe – Mikroben in Eingeweiden, Sümpfen, Abflussrohren und anderen Orten mit wenig frischer Luft an.

Diese Mikroben zersetzen auch totes Material. Doch statt Sauerstoff nutzen sie als Energiequelle hierfür den Kohlenstoff aus Pflanzen. Diesen wandeln sie um in Methan.

GAS

Der italienische Erfinder Alessandro Volta entdeckte 1776, dass anaerobe Mikroben Methan bilden. Mithilfe des explosiven Gases feuerte er eine kleine Kanone ab. UND WIR KÖNNEN DAS AUCH.

GAS

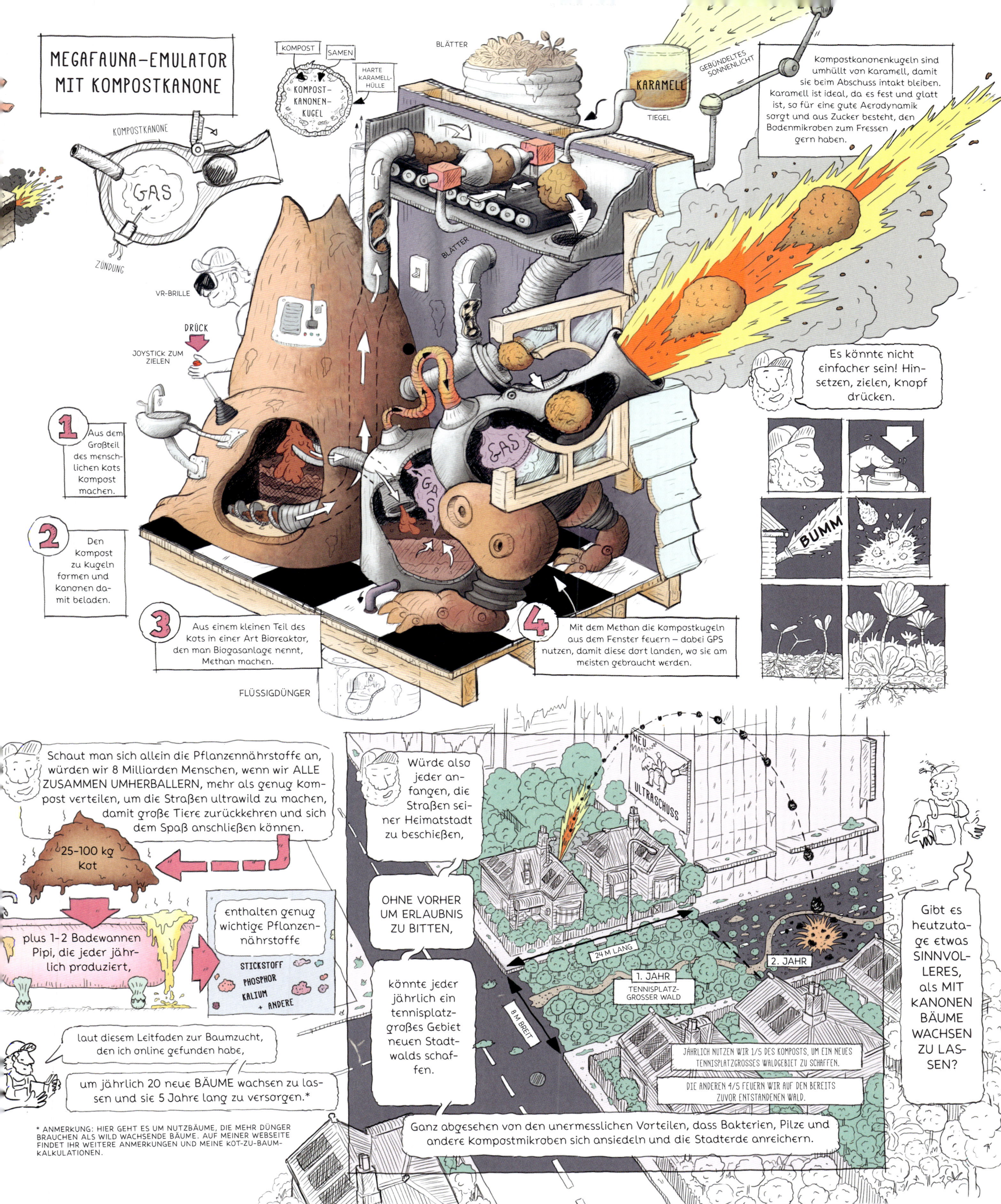

MEGAFAUNA-EMULATOR MIT KOMPOSTKANONE
KOMPOST
SAMEN
HARTE KARAMELL-HÜLLE
KOMPOST-KANONEN-KUGEL
BLÄTTER
KARAMELL
TIEGEL
GEBÜNDELTES SONNENLICHT
Kompostkanonenkugeln sind umhüllt von Karamell, damit sie beim Abschuss intakt bleiben. Karamell ist ideal, da es fest und glatt ist, so für eine gute Aerodynamik sorgt und aus Zucker besteht, den Bodenmikroben zum Fressen gern haben.
KOMPOSTKANONE
GAS
ZÜNDUNG
VR-BRILLE
DRÜCK
JOYSTICK ZUM ZIELEN
BLÄTTER
GAS
GAS
Es könnte nicht einfacher sein! Hinsetzen, zielen, Knopf drücken.
BUMM
1 Aus dem Großteil des menschlichen Kots Kompost machen.
2 Den Kompost zu Kugeln formen und Kanonen damit beladen.
3 Aus einem kleinen Teil des Kots in einer Art Bioreaktor, den man Biogasanlage nennt, Methan machen.
4 Mit dem Methan die Kompostkugeln aus dem Fenster feuern – dabei GPS nutzen, damit diese dort landen, wo sie am meisten gebraucht werden.
FLÜSSIGDÜNGER
Schaut man sich allein die Pflanzennährstoffe an, würden wir 8 Milliarden Menschen, wenn wir ALLE ZUSAMMEN UMHERBALLERN, mehr als genug Kompost verteilen, um die Straßen ultrawild zu machen, damit große Tiere zurückkehren und sich dem Spaß anschließen können.
25–100 kg Kot
plus 1–2 Badewannen Pipi, die jeder jährlich produziert,
enthalten genug wichtige Pflanzennährstoffe
STICKSTOFF
PHOSPHOR
KALIUM
+ ANDERE
laut diesem Leitfaden zur Baumzucht, den ich online gefunden habe,
um jährlich 20 neue BÄUME wachsen zu lassen und sie 5 Jahre lang zu versorgen.*
* ANMERKUNG: HIER GEHT ES UM NUTZBÄUME, DIE MEHR DÜNGER BRAUCHEN ALS WILD WACHSENDE BÄUME. AUF MEINER WEBSEITE FINDET IHR WEITERE ANMERKUNGEN UND MEINE KOT-ZU-BAUM-KALKULATIONEN.
Würde also jeder anfangen, die Straßen seiner Heimatstadt zu beschießen,
OHNE VORHER UM ERLAUBNIS ZU BITTEN,
könnte jeder jährlich ein tennisplatzgroßes Gebiet neuen Stadtwalds schaffen.
NEU
ULTRASCHUSS
24 M LANG
8 M BREIT
1. JAHR
TENNISPLATZ-GROSSER WALD
2. JAHR
JÄHRLICH NUTZEN WIR 1/5 DES KOMPOSTS, UM EIN NEUES TENNISPLATZGROSSES WALDGEBIET ZU SCHAFFEN.
DIE ANDEREN 4/5 FEUERN WIR AUF DEN BEREITS ZUVOR ENTSTANDENEN WALD.
Ganz abgesehen von den unermesslichen Vorteilen, dass Bakterien, Pilze und andere Kompostmikroben sich ansiedeln und die Stadterde anreichern.
Gibt es heutzutage etwas SINNVOLLERES, als MIT KANONEN BÄUME WACHSEN ZU LASSEN?

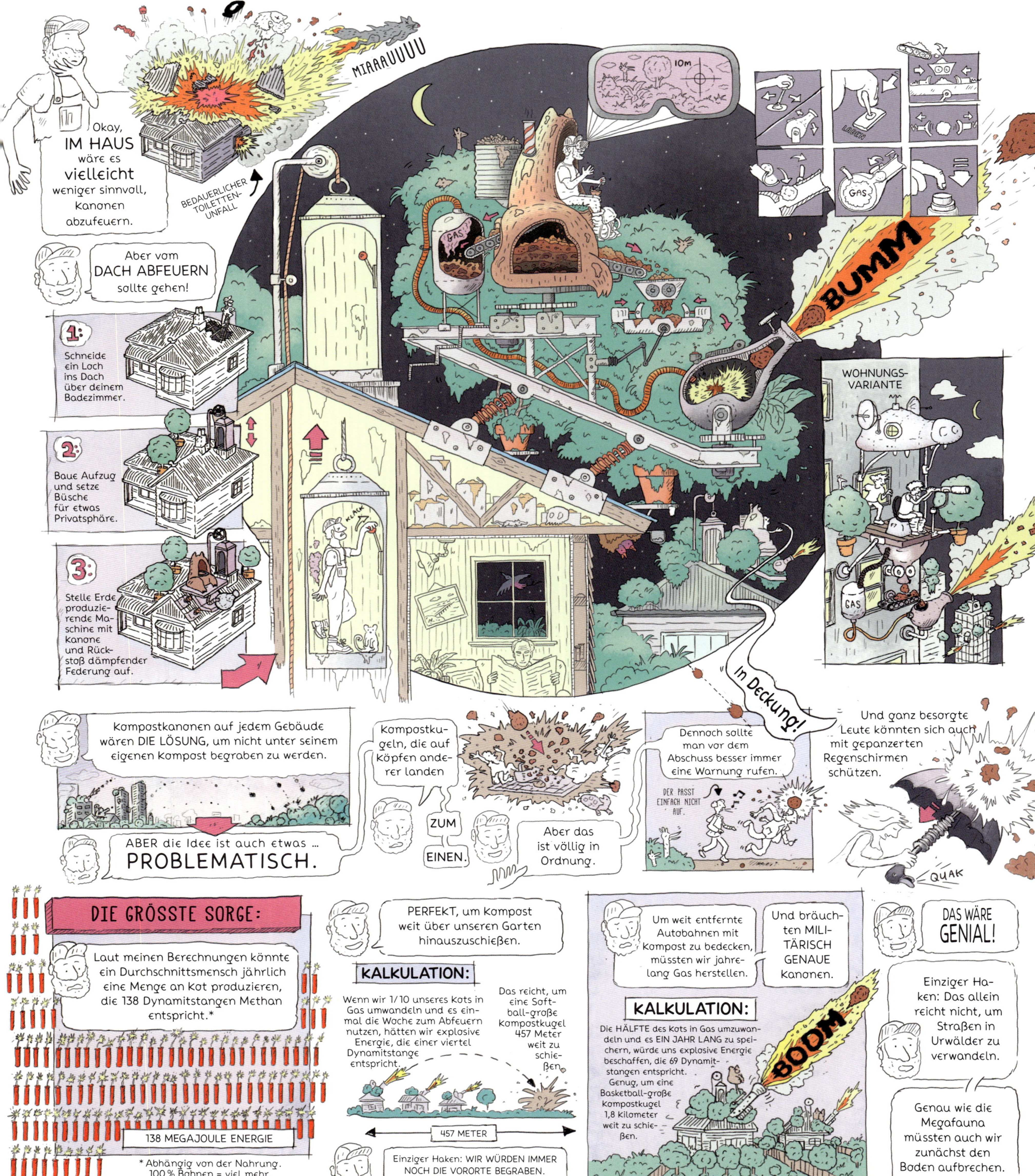

Okay, IM HAUS wäre es vielleicht weniger sinnvoll, Kanonen abzufeuern.
MIAAAUUUU
BEDAUERLICHER TOILETTEN-UNFALL
Aber vom DACH ABFEUERN sollte gehen!
1: Schneide ein Loch ins Dach über deinem Badezimmer.
2: Baue Aufzug und setze Büsche für etwas Privatsphäre.
3: Stelle Erde produzierende Maschine mit Kanone und Rückstoß dämpfender Federung auf.
10M
GAS
LADEN
GAS
BUMM
WOHNUNGS-VARIANTE
GAS
KLACK
In Deckung!
Kompostkanonen auf jedem Gebäude wären DIE LÖSUNG, um nicht unter seinem eigenen Kompost begraben zu werden.
ABER die Idee ist auch etwas … PROBLEMATISCH.
Kompostkugeln, die auf Köpfen anderer landen
ZUM EINEN.
Aber das ist völlig in Ordnung.
Dennoch sollte man vor dem Abschuss besser immer eine Warnung rufen.
DER PASST EINFACH NICHT AUF.
Und ganz besorgte Leute könnten sich auch mit gepanzerten Regenschirmen schützen.
QUAK
DIE GRÖSSTE SORGE:
Laut meinen Berechnungen könnte ein Durchschnittsmensch jährlich eine Menge an Kot produzieren, die 138 Dynamitstangen Methan entspricht.*
138 MEGAJOULE ENERGIE
* Abhängig von der Nahrung. 100 % Bohnen = viel mehr. Eindeutig.
PERFEKT, um Kompost weit über unseren Garten hinauszuschießen.
KALKULATION:
Wenn wir 1/10 unseres Kots in Gas umwandeln und es einmal die Woche zum Abfeuern nutzen, hätten wir explosive Energie, die einer viertel Dynamitstange entspricht.
Das reicht, um eine Softball-große Kompostkugel 457 Meter weit zu schießen.
457 METER
Einziger Haken: WIR WÜRDEN IMMER NOCH DIE VORORTE BEGRABEN.
Um weit entfernte Autobahnen mit Kompost zu bedecken, müssten wir jahrelang Gas herstellen.
Und bräuchten MILITÄRISCH GENAUE Kanonen.
KALKULATION:
Die HÄLFTE des Kots in Gas umzuwandeln und es EIN JAHR LANG zu speichern, würde uns explosive Energie beschaffen, die 69 Dynamitstangen entspricht.
Genug, um eine Basketball-große Kompostkugel 1,8 Kilometer weit zu schießen.
BOOM
DAS WÄRE GENIAL!
Einziger Haken: Das allein reicht nicht, um Straßen in Urwälder zu verwandeln.
Genau wie die Megafauna müssten auch wir zunächst den Boden aufbrechen.

PIEP PIEP

VOLL

PIIIIIEP

ABSURDERWEISE bräuchten laufende Klos vermutlich gar keine Kanonen,

auch wenn sie für umweltstrategische Ziele trotzdem witzig wären.

SIMPLER KOMPOSTABWURF = VIEL EINFACHER + ERSCHRECKT KEINE VÖGEL

POP

GAS

KARAMELLHÜLLE

KOMPOST

SPEZIALKERN

(NATÜRLICH NICHT GENUTZTE VERLASSENE ZIELE)

Aufzüge wären VIEL ZU LANGSAM. Es käme zu SCHLIMMEN UNFÄLLEN.

VERSEHENTLICHER MASSIVER DÜNGEVERLUST

Feuerwehrstangen gingen, wären aber zu gruselig. Und die Reibung davon, Hunderte Meter nach unten zu rutschen, könnte einem die Hose in Brand setzen.

LODERNDER UNFALL

Die anscheinend EINZIG SICHERE LÖSUNG: Die laufenden Klos müssen UNVORSTELLBAR GIGANTISCH sein – und ausfahrbare Hälse und Rutschen haben.

Mit einem winzigen Sprung von sehr hohen Gebäuden

Natürlich könnten RIESIGE laufende Klos EIN WENIG Chaos stiften. Die letzten verbliebenen Autos könnten zerquetscht, verlassene Toiletten und andere lästige Gebäude aus Versehen zerstört werden.

Und SELBST mit weichen Kissen zum Rutschen könnten einige auf dem Weg nach unten ihre Nährstoffe verlieren.

Vielleicht wäre es auch das CHAOTISCHSTE KONZEPT ÖFFENTLICHER TOILETTEN ÜBERHAUPT.

ABER

das wäre es DEFINITIV wert.

Wenn jeder von uns jährlich genug Kot für einen tennisplatzgroßen Wald produziert, könnten 8 Milliarden Menschen laut meinen Berechnungen in nur 5 Monaten die weltweit 64 Millionen Kilometer an Straßen in pure WILDNIS verwandeln.*

Und dein Zimmer zu düngen, würde nur wenige Monate dauern.*

1 Dach aufschneiden

2 Boden mit Kompost bedecken und Löcher in den Boden bohren.

3 DEFINITV NICHT VORHER UM ERLAUBNIS BITTEN.

* SO VIEL ZEIT WIRD BENÖTIGT, UM GENUG KOTNÄHRSTOFFPAKETE ZUM PFLANZEN DER BÄUME ZU PRODUZIEREN. ÖKOSYSTEME BRAUCHEN VIELE JAHRE, UM SICH ZU ENTWICKELN.

DAS VERWIRRENDE DARAN: METHAN EXPLODIEREN ZU LASSEN, IST SEHR GUT FÜR DEN PLANETEN.

Methan ist ein kraftvolles Treibhausgas. Doch bei dessen Explosion entsteht Kohlendioxid, ein Treibhausgas, das etwa 30-mal WENIGER stark ist. Das Ergebnis: geringerer Treibhauseffekt. Siehe Anmerkungen am Ende zu dieser sehr verwirrenden Tatsache.

Das ist ein Grund, warum das Unternehmen SpaceX Methan für den Antrieb seiner Raketen nutzt.

SpaceX-Methan besteht nicht aus Fürzen oder Kot. Doch das KÖNNTE ES.

KOT KÖNNTE AUCH ALS RAKETENTREIBSTOFF DIENEN.

Sobald die Tiere zurück in den Städten sind und diese düngen, könnte man den Kot von 8 Milliarden Menschen als Starship-Raketen-Treibstoff verwenden und hätte damit genug Energie für TÄGLICH 200 REISEN AUF DEN MARS – um dabei jedes Mal 90 Tonnen Weltraum-Kompostkugeln abzuwerfen.

MARS-KOMPOSTABWURF EPISCHEN AUSMASSES

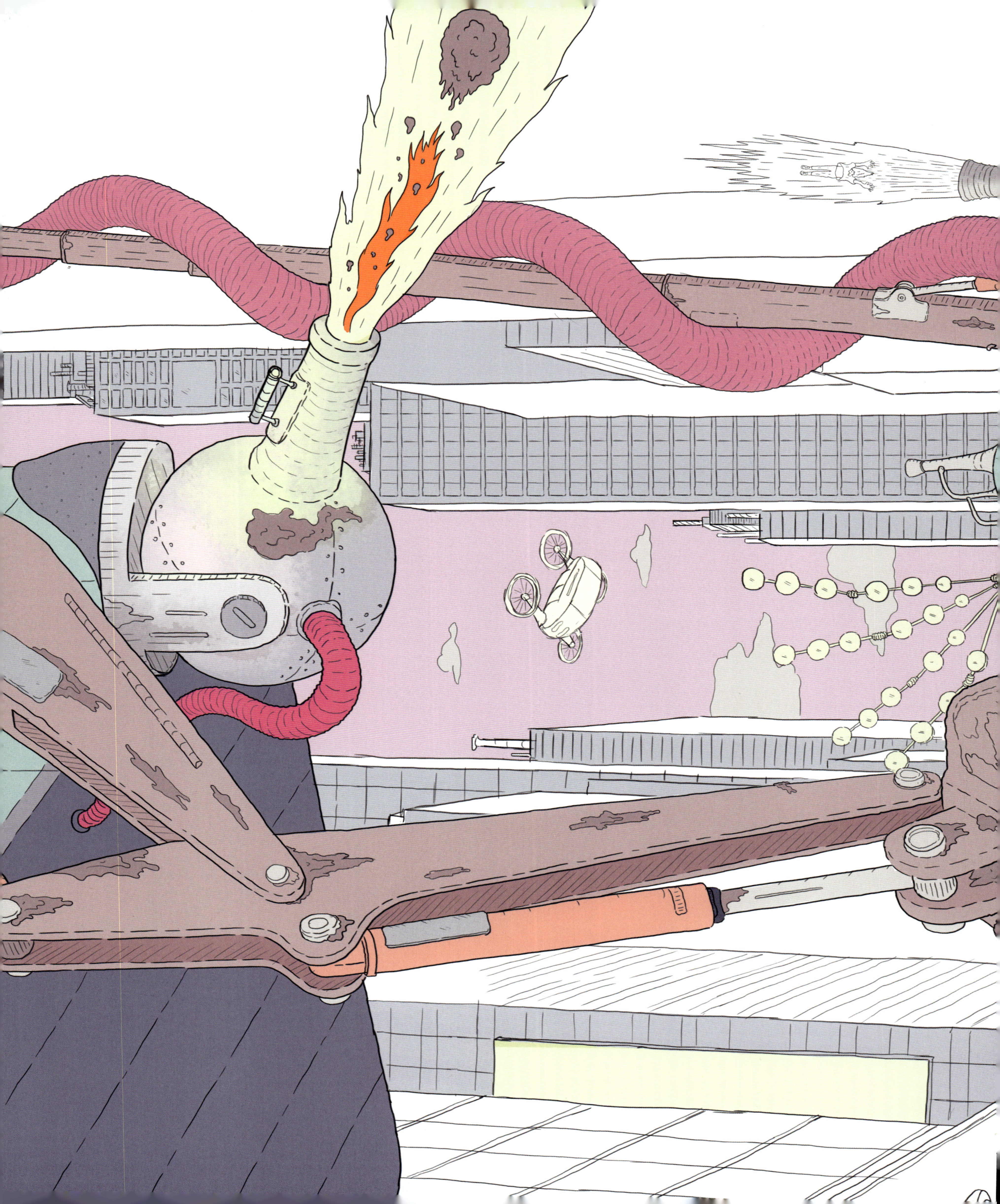

SYDNEY

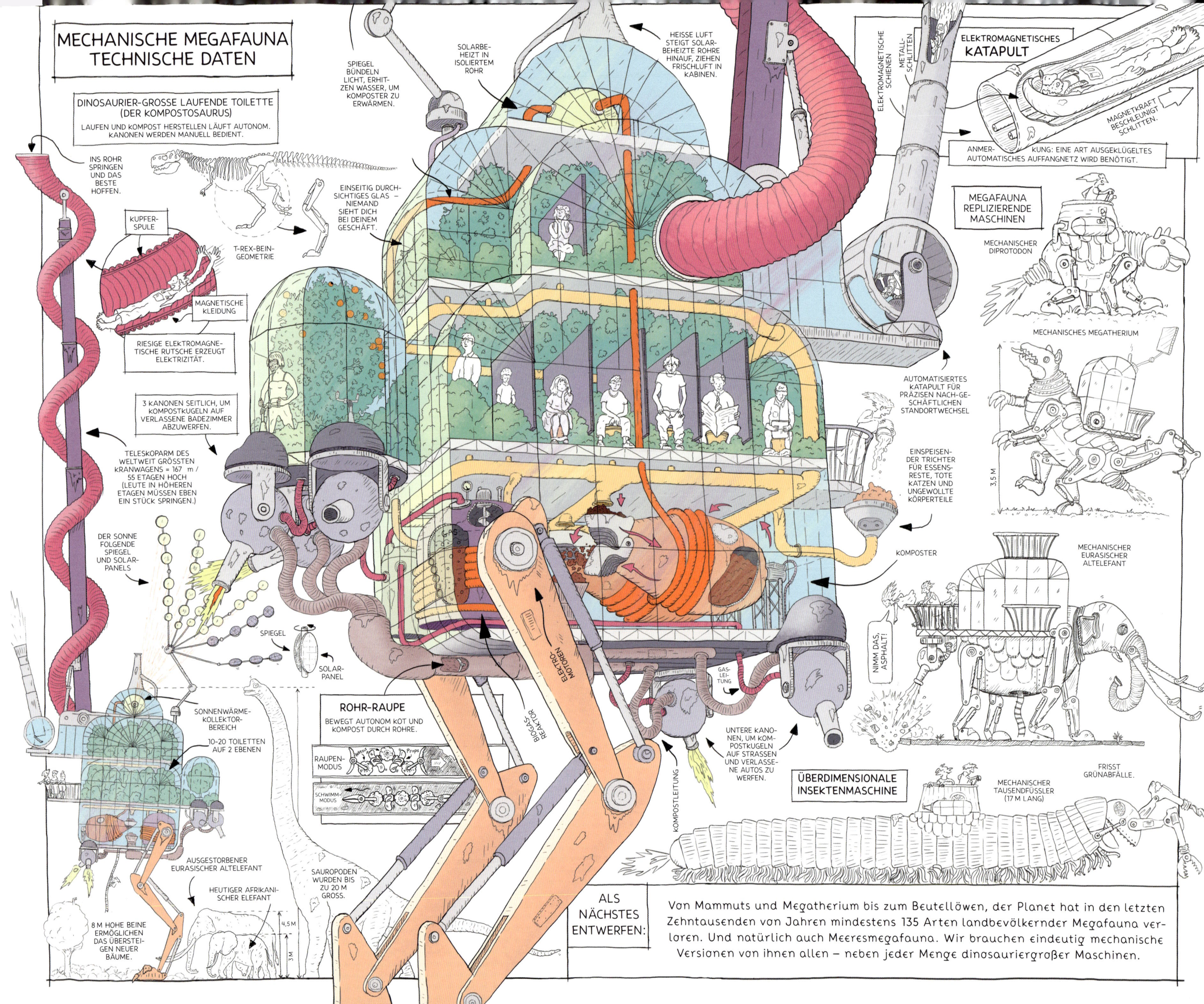
MECHANISCHE MEGAFAUNA TECHNISCHE DATEN
DINOSAURIER-GROSSE LAUFENDE TOILETTE (DER KOMPOSTOSAURUS)
LAUFEN UND KOMPOST HERSTELLEN LÄUFT AUTONOM. KANONEN WERDEN MANUELL BEDIENT.
INS ROHR SPRINGEN UND DAS BESTE HOFFEN.
KUPFER-SPULE
T-REX-BEIN-GEOMETRIE
MAGNETISCHE KLEIDUNG
RIESIGE ELEKTROMAGNETISCHE RUTSCHE ERZEUGT ELEKTRIZITÄT.
3 KANONEN SEITLICH, UM KOMPOSTKUGELN AUF VERLASSENE BADEZIMMER ABZUWERFEN.
TELESKOPARM DES WELTWEIT GRÖSSTEN KRANWAGENS = 167 m / 55 ETAGEN HOCH (LEUTE IN HÖHEREN ETAGEN MÜSSEN EBEN EIN STÜCK SPRINGEN.)
DER SONNE FOLGENDE SPIEGEL UND SOLARPANELS
SPIEGEL
SOLARPANEL
SONNENWÄRME-KOLLEKTOR-BEREICH
10-20 TOILETTEN AUF 2 EBENEN
AUSGESTORBENER EURASISCHER ALTELEFANT
HEUTIGER AFRIKANISCHER ELEFANT
8 M HOHE BEINE ERMÖGLICHEN DAS ÜBERSTEIGEN NEUER BÄUME.
4,5 M
3 M
SAUROPODEN WURDEN BIS ZU 20 M GROSS.
SPIEGEL BÜNDELN LICHT, ERHITZEN WASSER, UM KOMPOSTER ZU ERWÄRMEN.
SOLARBEHEIZT IN ISOLIERTEM ROHR
HEISSE LUFT STEIGT SOLARBEHEIZTE ROHRE HINAUF, ZIEHEN FRISCHLUFT IN KABINEN.
EINSEITIG DURCHSICHTIGES GLAS – NIEMAND SIEHT DICH BEI DEINEM GESCHÄFT.
GAS
ROHR-RAUPE
BEWEGT AUTONOM KOT UND KOMPOST DURCH ROHRE.
RAUPEN-MODUS
SCHWIMM-MODUS
BIOGAS-REAKTOR
ELEKTRO-MOTOREN
KOMPOSTLEITUNG
GAS-LEI-TUNG
UNTERE KANONEN, UM KOMPOSTKUGELN AUF STRASSEN UND VERLASSENE AUTOS ZU WERFEN.
KOMPOSTER
EINSPEISEN-DER TRICHTER FÜR ESSENSRESTE, TOTE KATZEN UND UNGEWOLLTE KÖRPERTEILE
AUTOMATISIERTES KATAPULT FÜR PRÄZISEN NACH-GESCHÄFTLICHEN STANDORTWECHSEL
ELEKTROMAGNETISCHE SCHIENEN
METALL-SCHLITTEN
ELEKTROMAGNETISCHES KATAPULT
MAGNETKRAFT BESCHLEUNIGT SCHLITTEN.
ANMERKUNG: EINE ART AUSGEKLÜGELTES AUTOMATISCHES AUFFANGNETZ WIRD BENÖTIGT.
MEGAFAUNA REPLIZIERENDE MASCHINEN
MECHANISCHER DIPROTODON
MECHANISCHES MEGATHERIUM
3,5 M
MECHANISCHER EURASISCHER ALTELEFANT
NIMM DAS, ASPHALT!
FRISST GRÜNABFÄLLE.
ÜBERDIMENSIONALE INSEKTENMASCHINE
MECHANISCHER TAUSENDFÜSSLER (17 M LANG)
ALS NÄCHSTES ENTWERFEN:
Von Mammuts und Megatherium bis zum Beutellöwen, der Planet hat in den letzten Zehntausenden von Jahren mindestens 135 Arten landbevölkernder Megafauna verloren. Und natürlich auch Meeresmegafauna. Wir brauchen eindeutig mechanische Versionen von ihnen allen – neben jeder Menge dinosauriergroßer Maschinen.

KAPITEL 2

WARTE MAL … DAS IST DOCH ALLES TOTAL UNGLAUBWÜRDIG.

IST DAS MIT DEM REWILDING ERNST GEMEINT?

Rewilding bedeutet, Landschaften zurück zur Wildnis zu verhelfen und sich danach zurückzuziehen, damit die Natur sich frei entfalten und sich um sich selbst kümmern kann.

Zurück zu dem Zustand, bevor es Städte gab. Als der Himmel allein den Vögeln gehörte. Und weite Gebiete des Planeten von Wäldern bedeckt waren. Als Löwen und Mammuts ihn beherrschten. Zehntausende Jahre zurück ins Erdzeitalter des Pleistozäns, als der Mensch die Biosphäre noch nicht verändert hatte.

Viele glauben, Rewilding wäre total IRRE.

Wir brauchen alles Land, um Essen anzubauen.

Aber Rewilding findet LÄNGST statt.

Während wir den Planeten IMMER SCHNELLER zerstören, stellen Ökolog:innen und Bürgerwissenschaftler:innen ursprüngliche Ökosysteme wieder her, um verlorene Pflanzen und seit Tausenden von Jahren ausgerottete Wildtiere wieder hervorzulocken.

Und Städte sind eine noch UNGENUTZTE Möglichkeit.

Weltstädte wachsen immer schneller, zerstören die Wildnis und stoßen eine ständig wachsende Menge an Kohlendioxid aus.

Doch Städte in mehrschichtige, kohlendioxid bindende Ökosysteme zu verwandeln,

IST NICHT UNMÖGLICH.

Ich habe begonnen, über das Rewilding VON STÄDTEN nachzudenken, als ich in einem angenehm kühlen australischen Regenwald war.

Beim Anblick von 20 Stockwerke hohen Riesen-Eukalyptusbäumen

fragte ich mich, wie man diese Giganten zurück in die Städte bringen könnte.

Um mit Millionen anderen Arten unter ihnen zu leben.

ICH NANNTE ES ULTRAVERWILDERN.

Eine extreme Form des Rewildings.

Und beschloss, etwas zu erfinden, um diese Idee zu verwirklichen. Je irrer die Erfindungen, desto besser. Doch sie sollten MÖGLICH sein.

Das ist 7 Jahre her.

Seitdem denke ich darüber nach.

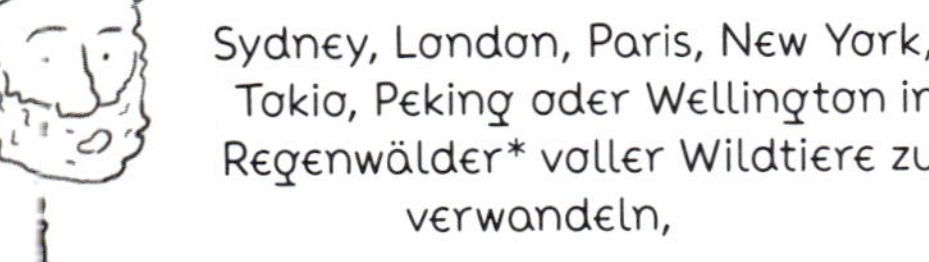

Sydney, London, Paris, New York, Tokio, Peking oder Wellington in Regenwälder* voller Wildtiere zu verwandeln,

WÄHREND WIR NOCH DORT WOHNEN,

HÖRT SICH NATÜRLICH VOLLKOMMEN HAARSTRÄUBEND AN.

Wieso glaube ich dann, dass es FUNKTIONIEREN KANN?

Dass jede Stadt ein schönes Zuhause für Milliarden Tiere sein könnte?

Oder für WOLKENKRATZER-Bäume?

WEGEN MAGISCHER BOHNEN.

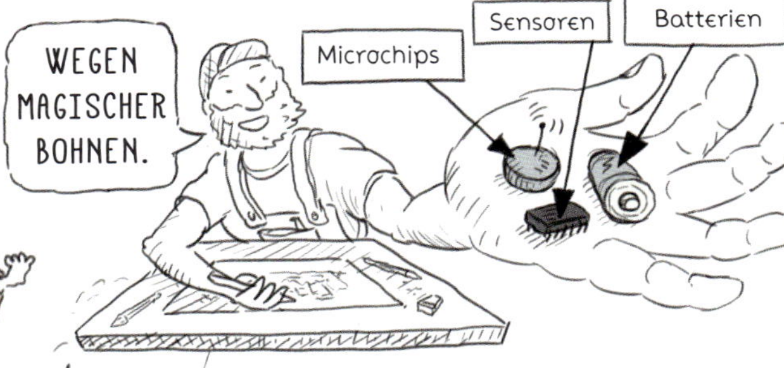

Smarte und vernetzte Technologien können die Funktionsweise von Städten verändern.

Und sie werden UNVORSTELLBAR IRRE KLINGENDE DINGE möglich machen.

* NICHT JEDE STADT WURDE GEBAUT, WO VORHER EIN REGENWALD STAND. MANCHE MÜSSTEN IN ANDERE ÖKOSYSTEME WIEDERVERWILDERT WERDEN – WIE MANGROVENSÜMPFE, SAVANNEN ODER ALMWIESEN.

NEUE TECHNOLOGIEN WERDEN STÄDTE SCHNELLER VERÄNDERN, ALS WIR UNS VORSTELLEN KÖNNEN.

Immer wieder haben Leute sich geirrt, wenn es darum ging vorherzusagen, wie schnell neue Technologien wie Autos, Flugzeuge oder Telefone unser gesamtes Leben verändern würden.

Solche Technologien sind bekannt als DISRUPTIVE TECHNOLOGIEN.

Wir können Veränderungen nicht vorhersehen, weil wir auf Autopilot leben. Aber AUCH, weil wir uns nur schwer vorstellen können, dass sich Innovationen VON JAHR ZU JAHR SCHNELLER verändern.

Das ist bekannt als

1903 erklärten Banker Henry Ford, Autos würden sich nie durchsetzen.

SIE SAGTEN:

Das Pferd wird bleiben, das Auto ist nur eine Modeerscheinung.

Doch der Visionär und Autor Tony Seba weiß zu berichten, dass Autos sich nur 10 Jahre später EXPONENTIELL vermehrt und Städte vollkommen verändert hatten, wie diese Fotos derselben Straße belegen.

1895 sagte der britische Mathematiker, Physiker und Präsident der Royal Society Lord Kelvin:

Flugmaschinen, schwerer als Luft, sind unmöglich.

Nur 8 Jahre später erfanden die Brüder Wright das erste funktionsfähige Flugzeug.

WRIGHT FLYER 1903

11 Jahre nach den Brüdern Wright gab es Passagierflugzeuge.

BENOIST XIV 1914

Und 55 Jahre später sind wir zum Mond geflogen.

APOLLO 11 1969

1943 sagte Thomas Watson, Präsident von IBM Computers:

Ich denke, der Weltmarkt braucht vielleicht 5 Computer.

Doch 2022 gab es weltweit über 20 Milliarden Smart-Geräte. Und die Zahl wird sich wohl in wenigen Jahren verdoppelt haben.

Während es einigen schwerfällt, sich auch nur die nahe Zukunft vorzustellen, trainieren andere ihr Gehirn genau darauf.

WAS BEDEUTET, DASS SIE SIE MITVERWIRKLICHEN KÖNNEN.

Vor über 500 Jahren hatte Leonardo da Vinci bereits einen Helikopter entworfen.

Leonardos Skizze von 1493

1930, 80 Jahre bevor Videohandys üblich waren, malte ein unbekannter deutscher Maler dieses Bild.

Und HEUTE sagen Wissenschaftler:innen und Visionär:innen vorher, dass Hightech-Batterien Städte irgendwann mit 100 % erneuerbarer Energie versorgen werden.

Ganz offensichtlich.

Und dass BATTERIEN dazu beitragen, dass bald ALLE Autos elektrisch fahren.

LÄCHERLICH offensichtlich.

UND Mikrochips und Sensoren alle Autos zu selbstfahrenden machen.

Und ALL DAS in den nächsten 10 Jahren.

UNGLAUBLICH!

Moment – egal, ob in 10 oder 50 Jahren, wie genau soll das Städte ausreichend verändern, um diese IN RIESIGE WÄLDER ZU VERWANDELN?

INDEM

das alles kombiniert DIE MEISTEN STRASSEN ÜBERFLÜSSIG MACHT.

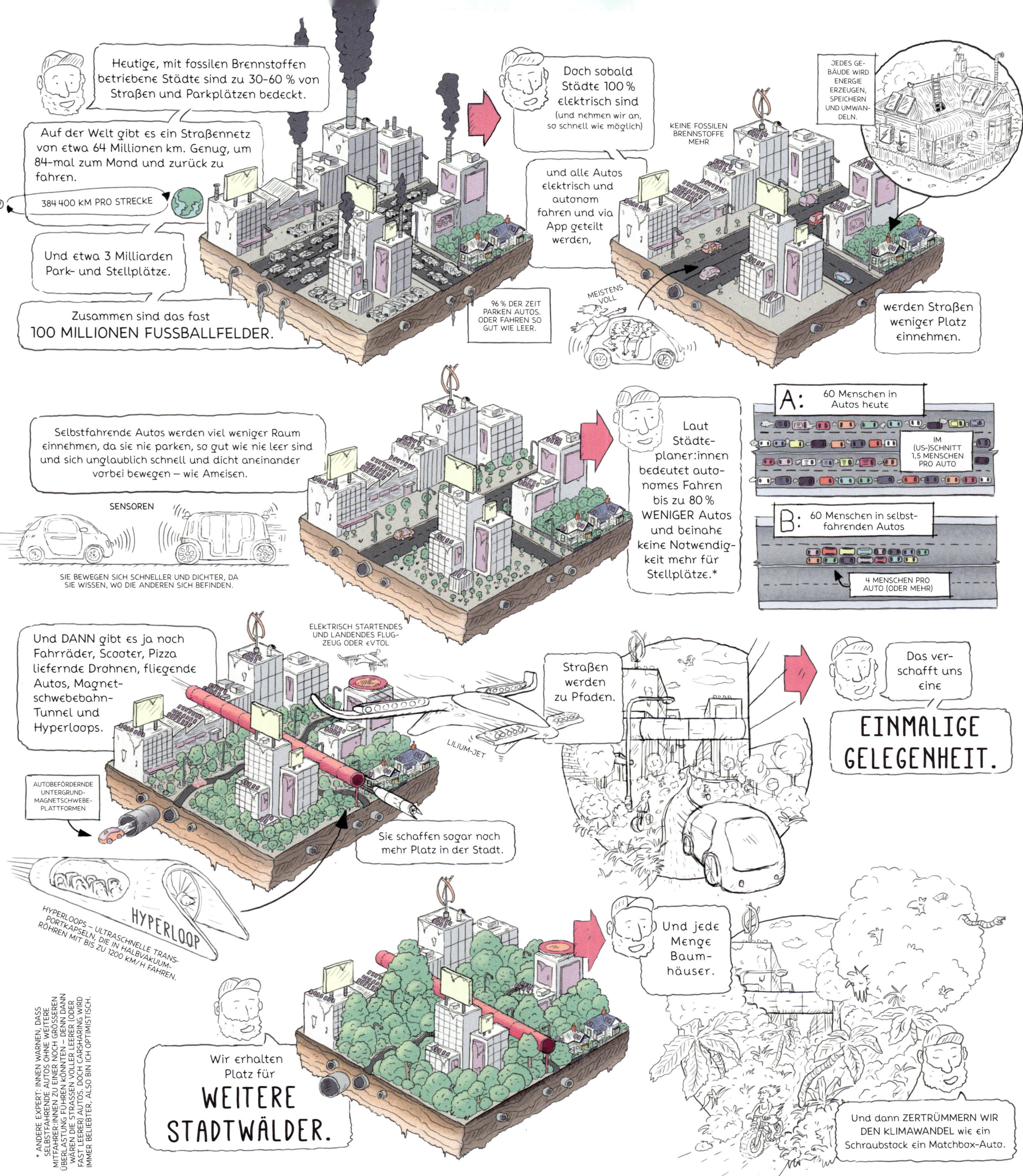

«Wir überschätzen immer den Wandel der nächsten 2 Jahre und unterschätzen den der nächsten 10.»
BILL GATES, Software-Entwickler

KAPITEL 3 ALLES ODER NICHTS

Als mir klar wurde, dass Autos im Schnitt 1/3 einer Stadt einnehmen

und dass man Klos LOCKER in Wald produzierende Kanonen umwandeln kann,

SCHIEN ULTRAWILDING UNAUFHALTBAR.

JEDENFALLS –

bis ich mir die FEINHEITEN des Waldanbaus angesehen hatte.

Viele Pflanzen brauchen doch mehr als Kompostkanonen, um sich auszubreiten und zu gedeihen.

Wie die Akazien in Trockengebieten, deren Samen in Ameisennestern keimen.

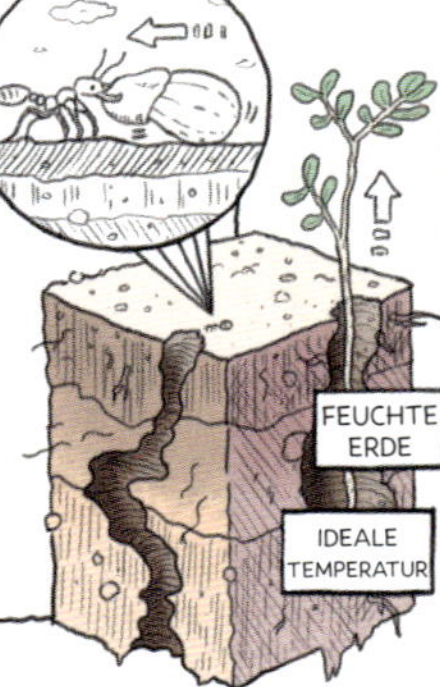

Oder Eichen, die davon profitieren, dass Eichhörnchen und Mäuse ihre Eicheln verstecken.

Oder Epiphytensamen, die von Vögeln an hohe Orte gebracht werden.

Oder Snottygobble-Bäume, Silberbaumgewächse, deren Samen durch einen Emu wandern müssen, um zu keimen.

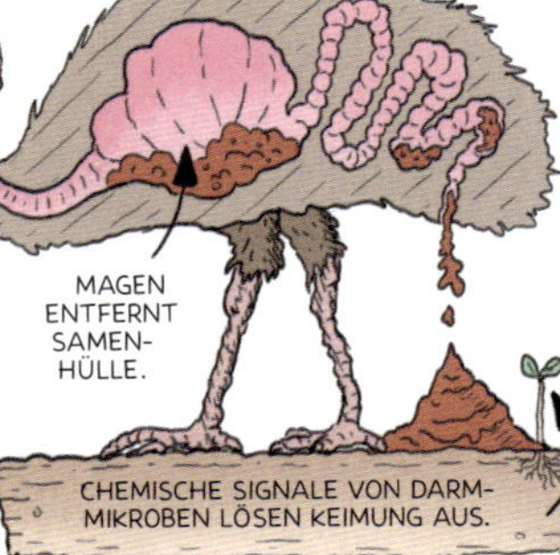

Fast jede Pflanze setzt bei der Verbreitung und Keimung ihrer Samen auf Insekten, Vögel, Reptilien oder Nagetiere.

Dazu kommt noch die Bestäubung.

Ich habe gelernt, dass fast jede Blühpflanze eine Symbiose oder Zusammenarbeit mit einer bestimmten bestäubenden Tierart eingeht.

Da sind allein die 16 000 Arten Bienen – jede mit ihrer eigenen ökologischen Nische.

Fledermäuse und Motten, die nachts blühende Blumen bestäuben.

Mäuse, die für Insekten uninteressante Blumen bestäuben.

Schwebfliegen, die Pollen Hunderte Kilometer weit transportieren.

Und noch Tausende bestäubende Mückenarten.

Natürlich brauchen wir Frösche, um Stechmücken in Schach zu halten,

und Zwergfledermäuse, die jeweils bis zu 1000 Mücken pro Nacht fressen.

Eulen und Eidechsen, um Nagetiere im Zaum zu halten.

Und Ameisenigel – unglaubliche Tunnelgraber, die bis zu 40 000 Ameisen am Tag schlecken.

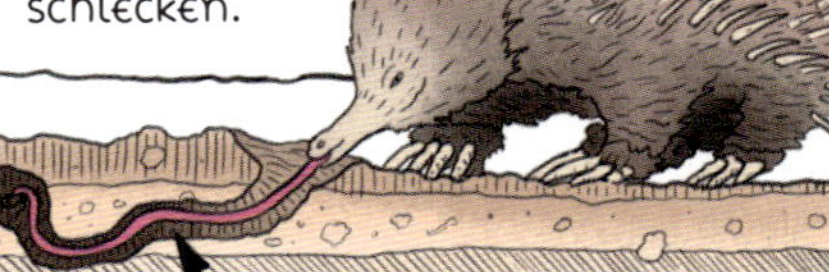

Ameisenigel, Wombats, Kaninchen, Maulwürfe, Präriehunde, Dachse und andere Graber werden von Biolog:innen auch «Bioturbatoren» genannt. Ihre Bioturbation belüftet die Erde, fördert die Wasseraufnahme und verteilt die Nährstoffe.

Für ideale Anbaubedingungen für Pflanzen brauchen wir Millionen dieser Wesen.

POUĀKAI ODER HAASTADLER ERBEUTETE MOAS UND MENSCHEN.

Und das alles

sind nur ein paar von vielen verblüffenden Verflechtungen, die ich nach und nach entdeckte.

Damit Städte SO SCHNELL WIE MÖGLICH ultraverwildern können, braucht es viel mehr als nur Kompostkanonen.

Wir brauchen Leben.

Und davon reichlich.

Ich wuchs in Aotearoa oder Neuseeland auf, einem Land mit viel Wildnis, aber auch viel Artensterben aufgrund der Zerstörung von Lebensraum und eingeführter Raubtiere.

Um das Ökosystem in Aotearoa wiederherzustellen, nehmen sich viele Projekte ein Beispiel am Schutzkonzept der indigenen Māori, auch bekannt als Kaitiakitanga.

Ausgesprochen: kai-tzi-jah-ki-tanga.

Es erinnert uns Menschen daran, dass wir Teil der Natur und mit allen Arten verwandt sind.

Deswegen müssen wir alle Arten schützen und umsorgen – nicht bloß die Bäume und Tiere, die wir brauchen.

Genau so müssen wir auch das Ultrawilding von Städten angehen.

Billionen Tiere werden nicht zurückkehren und glücklich unter uns leben, wenn wir ihnen keine üppigen Lebensräume bieten können.

Zuallererst

müssen wir ihnen also Billionen niedlicher Hotels bauen.

ES GAB 9 ARTEN MOAS, AUCH TE KURA GENANNT. MANCHE WURDEN 3,6 METER GROSS.

«Toitū te marae a Tāne-Mahuta, Toitū te marae a Tangaroa, Toitū te tangata.»

(Geht es dem Land gut und geht es dem Meer gut, wird der Mensch gedeihen.) Māorisches Sprichwort

KAPITEL 4

DAS 3-D-DRUCKER-VOGEL-PROJEKT

KÖNNTE MAN JEDEN LATERNENPFAHL DER WELT IN EIN GEPANZERTES LUXUSHOTEL FÜR HEIMISCHE TIERE VERWANDELN?

Viele Tiere leben auf Bäumen. Doch bis Bäume kräftig genug sind, Tieren ein Zuhause zu bieten, müssen sie teils Jahrzehnte oder Jahrhunderte wachsen.

Es dauert etwa 200 Jahre, bis die Baumhöhlen des australischen Eukalyptus groß genug für Kurzkopfgleitbeutler und Riesenkäuze sind. NIEMAND wartet so lange.

Zunächst brauchen wir also Unmengen provisorischer Tierhotels, die MINDESTENS so gut sind wie echte Bäume.

Warum sie nicht gleich noch BESSER MACHEN?

In Singapur bieten 16 Stockwerke hohe Stahl-Mammutbäume Millionen Vögeln, Insekten und Amphibien Lebensraum.

WUNDERWERKE DES DESIGNS.

Da ist es doch VIEL EINFACHER, Laternen in Bäume umzuwandeln.

Weltweit gibt es über 300 Millionen Laternen. Und ich schätze, sie sind die perfekten «FAST-BÄUME».

Gemeinsam können wir im NULLKOMMANICHTS Stöcke und Töpfe daran befestigen und sie so in Fake-Bäume verwandeln.

1. KABELBINDER, KLEBER, ABGESTORBENE ÄSTE

2. INSEKTENHOTELS

3.

Und dann wären da ja noch Strommasten,

Verkehrsschilder,

Ampeln.

Nach meiner Schätzung stehen weltweit über 2,5 MILLIARDEN Fast-Bäume IN DEN STARTLÖCHERN.

Das einzige, WINZIGE Problem:

Stöcke sind zwar hübsch, würden aber verrotten und den Leuten auf den Kopf fallen.

KRACH

Um es richtig zu machen, brauchen wir definitiv HIGHTECH-ÄSTE.

Das naheliegende FAKE-AST-Material?

PLASTIK, NATÜRLICH recycelt.

Der Durchschnitts-Australier wirft jährlich 130 kg Plastik weg. In etwa ausreichend für einen kleinen Laternenbaum.

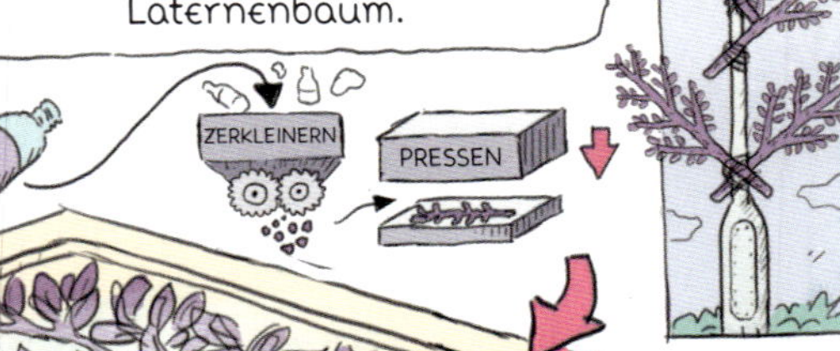

NEU

In den letzten 70 Jahren hat der Mensch etwa 2800 ägyptische Pyramiden an Plastik produziert. Laut einer National-Geographic-Studie sind davon noch etwa 80 % in der Umwelt.

x2800

Könnten wir das meiste davon einsammeln, wie es das Ocean Cleanup Project des Niederländers Boyan Slat bereits versucht, hätten wir genug Plastik, um JEDEN Fast-Baum der Welt auszustatten.

Das könnte die simpelste Gepanzerte-Luxus-Fake-Baum-Hotels-für-Tiere-Idee aller Zeiten sein!

DOCH DANN las ich etwas über Lebensräume.

Fake-Bäume zu entwerfen könnte doch … schwierig werden.

Nicht nur mächtige Eulen, die meisten Tiere bevorzugen spezielle Lebensräume. Und leben oft in Symbiose mit anderen Arten wie Pilzen oder Mikroben. Kaum eines würde gern in einem Plastikbaumhotel leben.

AST-SNOB

DAS PERFEKTE ZUHAUSE

Kārearea, auch Maorifalken genannt, nisten gern in Epiphyten – Pflanzen, die auf Ästen wachsen.

Viele Fledermäuse leben auf Totholz.

DIE SIND VOLLER LECKERER INSEKTEN.

KUSCHELIGES BETT UNTER RINDE

Viele Insekten leben in morschem Holz.

SCHMATZ

Der Gila-specht lebt gern in Kakteen.

DORNEN SCHRECKEN FEINDE AB.

Goldschultersittiche leben oft in Termitenhügeln,

wo sie in Symbiose mit Raupen leben, die den Vogelkot fressen.

MITTAGESSEN

Doch es GIBT eine Möglichkeit, in kurzer Zeit Milliarden Tierhotels zu bauen und den anspruchsvollen Vogel- und Insektenstandards gerecht zu werden.

Wir brauchen nur Millionen 3-D-Scanner und -Drucker,

die, auf Robotern befestigt, Bäume scannen und deren Merkmale an Laternen nachbilden.

SCAN
DRUCK

Und sie müssen fliegen können, um die Baumkronen zu erreichen.

Wie schwer kann das sein?

1: FLIEGENDE DRUCK-UND-SCAN-ROBOTER MIT KÜNSTLICHER INTELLIGENZ (KI) BAUEN

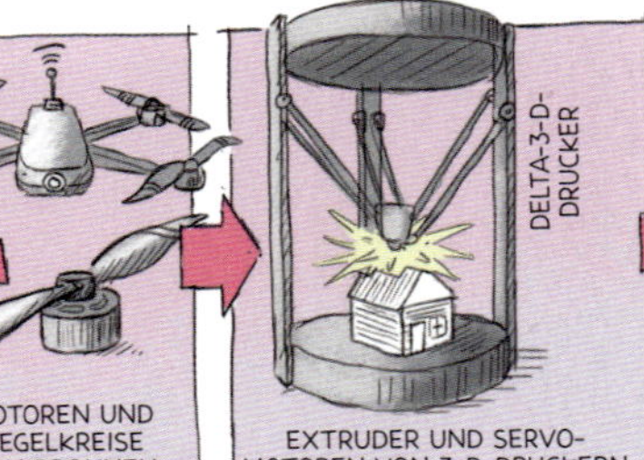

DELTA-3-D-DRUCKER

EXTRUDER UND SERVOMOTOREN VON 3-D-DRUCKERN

KAMERAS FÜR 3-D-SICHT, STEUERPLATINE, RECYCELTE HANDYAKKUS

FREUNDLICH AUSSEHENDE 3-D-DRUCK-ROBOTER-HÜLLE

2: RECYCLING-PLASTIK-FILAMENT-PRODUZIERENDE STATIONEN BAUEN

RECYCLING-PLASTIK-ZERKLEINERER

PLASTIKGRANULAT WIRD ZU 3-D-DRUCKER-FILAMENT GESCHMOLZEN (INKL. VERSTÄRKENDE FASERN).

3: BÄUME DRUCKEN

Und mit Erde und Samen befüllen

COMPUTER-HIRN

WASSER

ERDE MIT KOMPOST UND MIKROBEN

SAMEN

DELTA-3-D-DRUCKER-ARME

3-D-KAMERAS

STÖCKE FÜR INSEKTEN, PILZE UND MIKROBENFUTTER

ULTRAWOLD

3-D-GEDRUCKTE STRUKTUR, GEFÜLLT MIT ERDE UND SAMEN

Doch fliegende 3-D-Drucker haben einen KLEINEN Nachteil.

Selbst freundlich aussehende würden einen RIESENRADAU machen. Alle Tiere, die bereits in den Städten leben, würden Reißaus nehmen.

Damit der Plan funktioniert, braucht es 3-D-Drucker SO LEISE WIE VÖGEL.

Was mich auf eine NEUE Idee brachte: Warum keine 3-D-DRUCKER-VÖGEL bauen?

A: Vögel sind LEISE, weil sie Flügel statt Rotoren haben.

B: Vögel sind geniale Lebensraum-Bauer.

UND C:

Vögel SIND bereits 3-D-Drucker! (Quasi.)

So unmöglich es scheint, mechanische Vögel zu bauen, die Fake-Bäume bauen, sollte es MACHBAR sein.

Schließlich entwerfen wir bereits EWIG mechanische Flügelmaschinen – oder ORNITHOPTER.

Der erste Roboter überhaupt war ein mechanischer Vogel. Der griechische Philosoph Archytas erfand ihn vor 2370 Jahren.

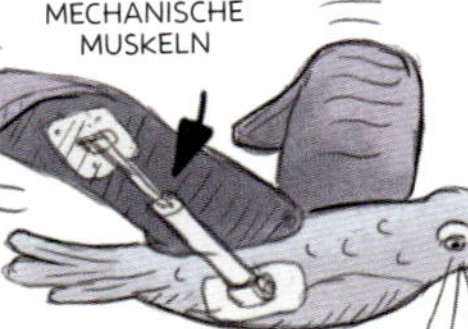

Vor 500 Jahren studierte Leonardo da Vinci Vögel und entwarf seinen Ornithopter, einen Robotervogel.

Moderne Militär-Spion-Vögel kann man kaum von echten unterscheiden.

MIKROELEKTRONIK

MIKROKAMERA

Und das ist eine Robo-Bee, ein Mikrofluggerät mit schlagenden Flügeln, in Originalgröße.

NOCH BESSER
Vogelflügel haben die perfekte Parabelform, um Sonnenlicht zu PLASTIK-SCHMELZENDER ENERGIE zu bündeln.
Verspiegelte solarthermische Schüsseln bündeln Licht an einem Mittelpunkt, um Wärme oder Strom zu erzeugen.
Die in der Sonne trocknenden Flügel eines Reihers bilden eine ähnliche Form.
SCHNABEL ZUM STÖCKESAMMELN
3-D-KAMERA-AUGEN
COMPUTER-HIRN
REFLEKTIERENDE, SONNENLICHT BÜNDELNDE SCHICHT AUF DEN FLÜGELN
PLASTIK-FILAMENT WIRD IN METALL-BRUST GESCHMOLZEN.
EXTREM-3-D-DRUCKEN
3-D-Drucker können heute schon ganze Plastikboote und Betonhäuser drucken
Biodruck «Kultur-Fleisch» dank im Labor hergestellter Fleischzellen
und Aluminium-Autos
3-D-DRUCK-AUTO DES UNTERNEHMENS DIVERGENT
und menschliche Körperteile (IN EINEM FRÜHEN STADIUM)
und Kohlenstofffaser- oder Verbundwerkstoff-Fahrräder und -Flugzeuge.
VON EVIATION ELECTRIC 3-D-GEDRUCKTES, IN ISRAEL ENTWICKELTES FLUGZEUG
Ich bin der Meinung, es ist heute technisch zu 100 % umsetzbar, 3-D-Drucker-Vögel zu bauen und mit ihnen weltweit alle Laternen in Bäume umzuwandeln.
Das EINZIGE Problem: Dafür bräuchte es Millionen 3-D-Drucker-Vögel und Tausende von Jahren.
AUSSER ... wir würden eine klitzekleine Anpassung an ihrer Software vornehmen.
EXTRA-FUNKTION
KNACK
VÖGEL KÖNNEN SICH SELBST KLONEN.
NATÜLICHE 3-D-DRUCK-VERBUNDWERKSTOFFE
Verbundwerkstoffe erhalten ihre Stärke durch das Kombinieren mehrerer Materialien. Wie Kohlenstofffasern und Plastik. Bei natürlichen Verbundwerkstoffen oder Biokompositen ist es das Gleiche.
HOLZ = VERBUNDWERKSTOFF AUS LIGNIN + ZELLULOSE
KNOCHEN = VERBUNDWERKSTOFF AUS KALZIUM + KOLLAGEN
Wie von der Sci-Fi vorhergesagt, ist es heute fast möglich, sich selbst klonende 3-D-Drucker oder selbstreplizierende Maschinen herzustellen.*
JEDE NEUE MASCHINE BAUT WEITERE MASCHINEN.
Wenn man 3-D-Drucker-Vögel so programmiert, dass sie sich VOR dem Bäumedrucken selbst replizieren,
könnte man BILLIONEN 3-D-Drucker-Vögel schaffen und die Laternen MILLIONENfach schneller umwandeln.
Es ist bereits möglich, Biokomposite in 3-D zu drucken, indem man natürliches Bioplastik aus Algen, Pilzen oder Mais mit Fasern wie Lignin kombiniert.
SOLAR-3-D-DRUCK
In vollem Tageslicht würden ausgebreitete Flügel einer RIESEN-3-D-TAUBE 150 Watt Solarwärme reflektieren. Genug, um 15 Gramm Plastik zu schmelzen und in einer Stunde 7 % einer neuen 3-D-Riesen-Taube zu drucken.
DOPPELTE GRÖSSE EINER RINGELTAUBE
15 cm
50 cm
Angenommen, man hätte spezialisierte 3-D-Drucker-Vögel zum Drucken und Liefern von Nicht-Plastik-Teilen wie Metall und Elektronik,
ARGENTAVIS MAGNIFICENS (EINER DER GRÖSSTEN FLUGVÖGEL ALLER ZEITEN) SOLLTE EINE GUTE GRÖSSE ZUM METALLDRUCKEN HABEN.
METALL-DRUCK-VOGEL
könnte ein 3-D-Drucker-Vogel sich in etwa einer Woche replizieren.
VOGEL-GROSSE LEITER
Biokomposite sind so stabil, dass sie schon bald das Metall in Hochhäusern ersetzen könnten. Wichtiger noch: Wie Holz können sie KOHLENSTOFF BINDEN.
Kollaborierende Schwärme fliegender 3-D-Drucker stellen bald schon Biokomposit-Strukturen jeder Größe und Komplexität her.
PROTOTYP 3-D-DRUCKER-SCHWARM VON DEDIBOT
* MEHR DAZU AUF MEINER WEBSEITE
Jeder neue 3-D-Drucker-Vogel würde sofort mit dem Druck weiterer Vögel beginnen.
Und diese 3-D-Drucker-Vögel würden mehr 3-D-Drucker-Vögel drucken
und die noch mehr 3-D-Drucker-Vögel.
3-D-Drucker-Vögel würden sich EXPONENTIELL vermehren!
Nach einer Woche hätte man einen 3-D-Drucker-Vogel.
2 Vögel nach 2 Wochen.
4 Vögel nach 3 Wochen.
8 Vögel nach 4 Wochen.
16 Vögel nach 5 Wochen.
32 Vögel nach 6 Wochen.
Liebe Leserin, lieber Leser, schätz doch mal, frei von der Leber weg.
Und nach einem Jahr gäbe es ...
Ich lag KOMPLETT DANEBEN.

Wie sich zeigt, hätte man nach einem Jahr

ZWEI BILLIARDEN 3-D-DRUCKER-VÖGEL.

Das sind 2000 Millionen Millionen oder 2 000 000 000 000 000 oder 2×10^{15}.

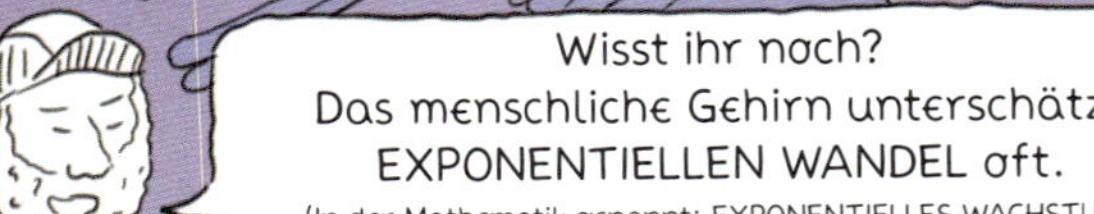

Wisst ihr noch? Das menschliche Gehirn unterschätzt EXPONENTIELLEN WANDEL oft. (In der Mathematik genannt: EXPONENTIELLES WACHSTUM)

Das Problem ist, dass exponentielles Wachstum erst langsam ist und dann immer schneller wird.

$$Y=2^{(x-1)}$$

Y

ANZAHL 3-D-DRUCKER-VÖGEL

0

ZEIT

x

IST DIE ANZAHL AN 3-D-DRUCKER-VÖGELN GERING, IST ES DAS WACHSTUM AUCH.

STEIGT DIE ANZAHL AN 3-D-DRUCKER-VÖGELN, WIRD DAS WACHSTUM SCHNELLER.

2 BILLIARDEN Robotervögel könnten dann doch ein paaaar zu viel sein …

ABER was, wenn sie aufhören, sich zu klonen, und anfangen, Fake-Bäume zu bauen, sobald ihre Population eine gewisse Größe erreicht hat, sagen wir 1000 Millionen oder eine Billion?

Eine Billion 3-D-Drucker-Vögel könnten die weltweit 300 Millionen Laternen in nur 16 TAGEN umbauen.

Sie könnten die weltweit 2,2 Milliarden Ampeln, Strommasten und Verkehrsschilder in 101 Tagen umbauen.

Und die weltweit 3 Millionen Hochspannungsmasten in nur 19 Stunden in Fake-Baum-Super-Habitate umwandeln.

Vielleicht sind manche von euch besorgt, dass die eine Billion sich mit KI selbst replizierenden 3-D-Drucker-Vögel nach immer EIN PAAR ZU VIELE sein könnten.

Dass sie den Himmel wie eine Heuschreckenplage bevölkern,

DIE SONNE VERDUNKELN,

die Menschheit faul machen und vergessen lassen, wie man selbst Dinge erschafft.

Wissenschaftler:innen schätzen, dass es bis zu 428 Milliarden Vögel auf der Welt gibt. Doch früher waren es VIEL mehr.

Aber ich denke, eine Billion 3-D-Drucker-Vögel sollten gehen.

Ich konnte keine Studien zur weltweiten Vogelpopulation vor dem Menschen finden, um das genauer zu berechnen. Aber wenn man sich an den weltweit 6-fachen Rückgang der Wildsäugetiere hält, den ich auf Seite 7 erwähnt habe,

gab es früher wohl auch 6-mal mehr Vögel – etwa 2,5 BILLIONEN ECHTE VÖGEL.

Eine BILLION 3-D-Drucker-Vögel anzupeilen, erscheint mir da also absolut angemessen.

Und was das Vergessen-zu-erschaffen betrifft – Kreativität ist entscheidend für das Glück und die Gesundheit des Menschen. Wir MÜSSEN einfach weiter erschaffen.

Für Jahrzehnte war es für Geeks der selbstreplizierenden Technologie der HEILIGE GRAL, ein gewöhnliches Naturmaterial zu finden, das Replikatoren wie 3-D-Drucker-Vögel dafür nutzen können, endlose Kopien von sich und anderen Dingen herzustellen.

Angenommen, wir lösen dieses Problem, bevor uns der Plastikmüll ausgeht, ist das Potenzial der 3-D-Drucker-Vögel, jede erdenkliche Struktur in unvorstellbarer Geschwindigkeit zu bauen, NAHEZU UNBEGRENZT.

1: 3-D-DRUCKER-VÖGEL DRUCKEN EXAKTE BAUMKOPIEN.

HABITATE FÜR ANDERE TIERE

UND LUFTPFADE – DAMIT MENSCHEN WILDTIEREN NICHT IN DIE QUERE KOMMEN.

3-D-DRUCK AUS BIOKOMPOSIT-PLASTIK (SUPERSTABIL)

2: MENSCHEN FÜGEN KUNST UND ERFINDERGEIST HINZU.

3: SCHLIESSLICH ERREICHEN DIE WILDTIER-POPULATIONEN WIEDER IHRE NATÜRLICHE DICHTE.

AABER

da gibt es noch eine KLEINIGKEIT, die ich bisher nicht erwähnt habe.

Ich war UNSICHER, wie ich es formulieren soll.

Ich wollte niemandem Angst machen.

Neben Vögeln und Insekten, Amphibien und großen Pflanzenfressern müssen wir auch GROSSE Fleischfresser zurückbringen – Spitzenräuber wie Bären, Wölfe und Löwen.
Wir müssen die Städte auch für sie zu einem schönen Zuhause machen.
Ich WEISS, es klingt absurd, aber genau wie Elefanten, Bienen und Biber sind auch viele Raubtiere Schlüsselarten – sie sind ESSENZIELL für ein gesundes Ökosystem.
Ökosysteme ohne Raubtiere können von Pflanzenfressern übervölkert werden.
Die Pflanzen ausrotten.
HEY, LASS MIR 'NEN STRAUCH ÜBRIG.
MAMPF MAMPF
Und einen «trophische Kaskade» genannten Dominoeffekt auslösen, bei dem die (trophischen) Ebenen einer Nahrungskette eine nach der anderen kollabieren.
WENIGER BÄUME = WENIGER VÖGEL UND SÄUGETIERE
UND WENIGER SCHATTEN FÜR FLÜSSE
ALSO = WENIGER FISCH
WENIGER STRÄUCHER = WENIGER BEEREN UND INSEKTEN
ALSO = WENIGER GROSSE TIERE
ALSO = WENIGER DUNG, BESTÄUBUNG, SAATBOMBEN UND WENIGER VOGELGESANG …
ABER:
Wiederansiedeln von Raubtieren macht Ökosysteme stabiler, weil sie verschiedene Arten in Balance halten.
HAPP
DANKE SCHÖN!
SPRITZ
Somit MEHR VON ALLEM für jeden.
DANKE SCHÖN!
DANKE SCHÖN!
DANKE SCHÖN!
DANKE SCHÖN!
Und zum Glück werden Spitzenräuber bereits überall auf der Welt wieder angesiedelt – Wölfe in Kalifornien, Bären in Italien.
Und bisher wurde kaum jemand auf Klassenfahrt ausgeweidet.
Auch wenn es interessant werden könnte, mitten in Los Angeles wieder Löwen anzusiedeln.
HOPP HOPP HOPP
NOTVERSTECK
KLICK
INVASIVE ARTEN
WUSCH
GRUSEL-KOSTÜM-AUTOMAT
GLYPTODON-SCHULBUS
Doch während wir sichere Stadthabitate für Tiere 3-D-drucken,
können wir auch LOCKER Hightech-Sicherheits-Gimmicks für Menschen 3-D-drucken.
D.I.Y. GLIEDMASSEN-WECHSEL BIODRUCK
SCHLÜRF
WENN ALLES GUT LÄUFT, verwandeln 3-D-Drucker-Vögel gemeinsam mit uns die Städte in fröhliche Habitate für JEDEN.
Und mit Billiarden Hand in Hand arbeitender Säugetiere, Reptilien, Vögel, Insekten und Mikroben
würden in jeder Stadt GIGANTISCHE ÖKOSYSTEME entstehen
und Kohlenstoff vernichten wie eine Herde Elefanten einen Schoko-Milkshake.
IRGENDWANN
Überwuchern echte Bäume die unechten.
Gibt es mehr echte Habitate als unechte.
Sind alle eingeführten Plagen AUSGEROTTET.
Gedeihen Ökosysteme.
Und 3-D-Drucker-Vögel fokussieren sich auf experimentelle Projekte.
MOTTEN-ANZIEHENDE KRONLEUCHTER
SOLARBETRIEBENE VOGELTRÄNKEN
VOGELGESANG-VERSTÄRKER MIT PAARUNGSRUF-EFFEKT
Womit das Ultrawilding quasi VOLLENDET wäre.

LOND

ANSPORT
LONDON

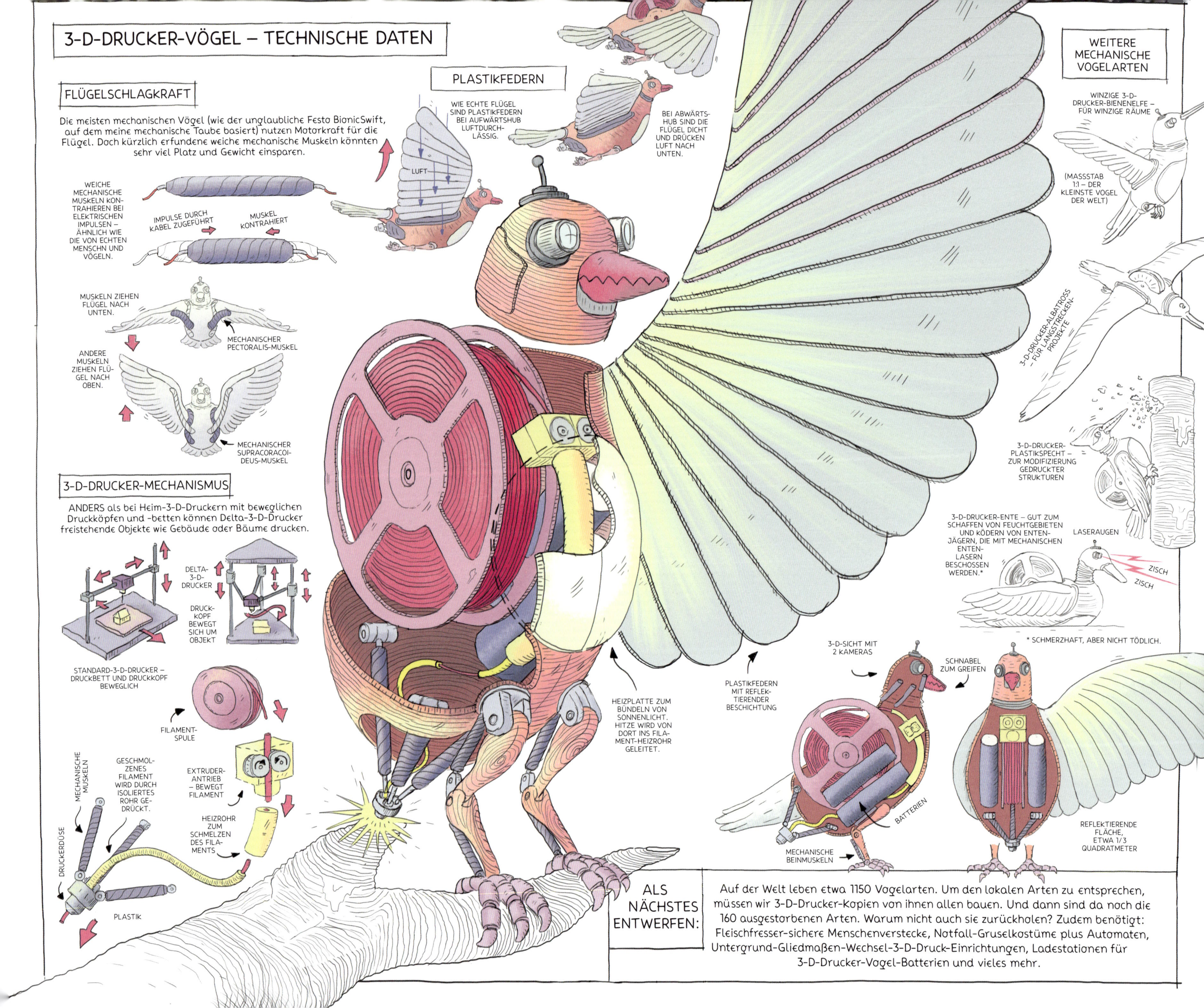

3-D-DRUCKER-VÖGEL – TECHNISCHE DATEN
FLÜGELSCHLAGKRAFT
Die meisten mechanischen Vögel (wie der unglaubliche Festo BionicSwift, auf dem meine mechanische Taube basiert) nutzen Motorkraft für die Flügel. Doch kürzlich erfundene weiche mechanische Muskeln könnten sehr viel Platz und Gewicht einsparen.
WEICHE MECHANISCHE MUSKELN KONTRAHIEREN BEI ELEKTRISCHEN IMPULSEN – ÄHNLICH WIE DIE VON ECHTEN MENSCHN UND VÖGELN.
IMPULSE DURCH KABEL ZUGEFÜHRT
MUSKEL KONTRAHIERT
MUSKELN ZIEHEN FLÜGEL NACH UNTEN.
MECHANISCHER PECTORALIS-MUSKEL
ANDERE MUSKELN ZIEHEN FLÜGEL NACH OBEN.
MECHANISCHER SUPRACORACOIDEUS-MUSKEL
3-D-DRUCKER-MECHANISMUS
ANDERS als bei Heim-3-D-Druckern mit beweglichen Druckköpfen und -betten können Delta-3-D-Drucker freistehende Objekte wie Gebäude oder Bäume drucken.
DELTA-3-D-DRUCKER
DRUCKKOPF BEWEGT SICH UM OBJEKT
STANDARD-3-D-DRUCKER – DRUCKBETT UND DRUCKKOPF BEWEGLICH
FILAMENTSPULE
MECHANISCHE MUSKELN
GESCHMOLZENES FILAMENT WIRD DURCH ISOLIERTES ROHR GEDRÜCKT.
EXTRUDERANTRIEB – BEWEGT FILAMENT
HEIZROHR ZUM SCHMELZEN DES FILAMENTS
DRUCKERDÜSE
PLASTIK
PLASTIKFEDERN
WIE ECHTE FLÜGEL SIND PLASTIKFEDERN BEI AUFWÄRTSHUB LUFTDURCHLÄSSIG.
LUFT
BEI ABWÄRTSHUB SIND DIE FLÜGEL DICHT UND DRÜCKEN LUFT NACH UNTEN.
HEIZPLATTE ZUM BÜNDELN VON SONNENLICHT. HITZE WIRD VON DORT INS FILAMENT-HEIZROHR GELEITET.
PLASTIKFEDERN MIT REFLEKTIERENDER BESCHICHTUNG
WEITERE MECHANISCHE VOGELARTEN
WINZIGE 3-D-DRUCKER-BIENENELFE – FÜR WINZIGE RÄUME
(MASSSTAB 1:1 – DER KLEINSTE VOGEL DER WELT)
3-D-DRUCKER-ALBATROSS – FÜR LANGSTRECKEN-PROJEKTE
3-D-DRUCKER-PLASTIKSPECHT – ZUR MODIFIZIERUNG GEDRUCKTER STRUKTUREN
3-D-DRUCKER-ENTE – GUT ZUM SCHAFFEN VON FEUCHTGEBIETEN UND KÖDERN VON ENTENJÄGERN, DIE MIT MECHANISCHEN ENTENLASERN BESCHOSSEN WERDEN.*
LASERAUGEN
ZISCH
ZISCH
* SCHMERZHAFT, ABER NICHT TÖDLICH.
3-D-SICHT MIT 2 KAMERAS
SCHNABEL ZUM GREIFEN
BATTERIEN
MECHANISCHE BEINMUSKELN
REFLEKTIERENDE FLÄCHE, ETWA 1/3 QUADRATMETER
ALS NÄCHSTES ENTWERFEN:
Auf der Welt leben etwa 1150 Vogelarten. Um den lokalen Arten zu entsprechen, müssen wir 3-D-Drucker-Kopien von ihnen allen bauen. Und dann sind da noch die 160 ausgestorbenen Arten. Warum nicht auch sie zurückholen? Zudem benötigt: Fleischfresser-sichere Menschenverstecke, Notfall-Gruselkostüme plus Automaten, Untergrund-Gliedmaßen-Wechsel-3-D-Druck-Einrichtungen, Ladestationen für 3-D-Drucker-Vogel-Batterien und vieles mehr.

KAPITEL 5 KANN REWILDING DEN KLIMAWANDEL WIRKLICH PLATTMACHEN?

Rewilding ist ein mächtiges Werkzeug zum Lösen des kniffligsten Problems des Klimawandels.

Das BISHER NIEMAND LÖSEN KONNTE.

Von dem KAUM JEMAND je gehört hat.

Das du MITLÖSEN MUSST.

Jeder weiß, dass das Verbrennen fossiler Brennstoffe Kohlendioxid (CO_2) freisetzt, ein Treibhausgas, das Wärme hält, den Planeten aufheizen und Millionen Arten aussterben lässt.*

TAUSENDE JAHRE

In der Atmosphäre gab es eine stabile Menge Kohlendioxid.

Die Durchschnittstemperatur der Erde war stabil.

NATÜRLICH PRODUZIERTES CO_2 WURDE AUFGENOMMEN.

Und jeder weiß, dass FOSSILE BRENNSTOFFE wegmüssen, um den Klimawandel aufzuhalten – eine Herausforderung, für die jeder kreative Geist der Erde benötigt wird.

BALD

Städte werden mit erneuerbarer Energie versorgt.

Nur wenig Kohlendioxid wird produziert und vollständig von natürlichen Systemen aufgenommen.

Kaum jemand weiß, dass, sobald wir mit dem Verbrennen fossiler Brennstoffe aufhören, bereits zu viel an Treibhausgasen in der Atmosphäre ist.

Wenn wir nichts tun, werden diese die Erde warm halten. Eiskappen werden schmelzen, der Meeresspiegel wird weiter steigen und Arten werden aussterben.

Das ist besorgniserregend, weil die Atmosphäre das letzte Mal vor etwa 3 Millionen Jahren die gleiche Kohlendioxid-Dichte wie heute aufwies. Damals gab es aufgrund der Wärme Wälder in der Antarktis und der Meeresspiegel war 25 Meter höher als heute.

MELBOURNE HEUTE

MÖGLICHE ZUKUNFT MELBOURNES

Um Eisschmelze, Meeresspiegelanstieg und Überflutung der Städte auf der ganzen Welt aufzuhalten, müssen wir CO_2 AUS DER ATMOSPHÄRE RAUSSAUGEN und lagern.**

Diesen Prozess nennt man Kohlenstoffbindung.

Und HIER kommt REWILDING ins Spiel.

WIEVIEL KRIEGEN WIR WEGGESAUGT?

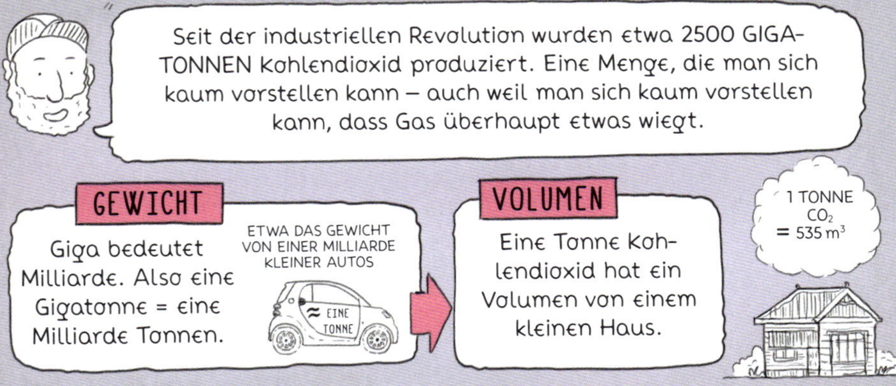

* ES GIBT VIELE TREIBHAUSGASE, ABER KOHLENDIOXID IST DAS BEKANNTESTE. MEHR DAZU AUF MEINER WEBSEITE.

** MEHR ÜBER DIE NEUESTE WISSENSCHAFT ZU DIESEM PROBLEM AUF MEINER WEBSEITE.

*** VORAUSGESETZT, MAN BEMISST DEN MOUNT EVEREST ALS VEREINFACHTEN, 8 KM HOHEN UND 16 KM BREITEN KEGEL.

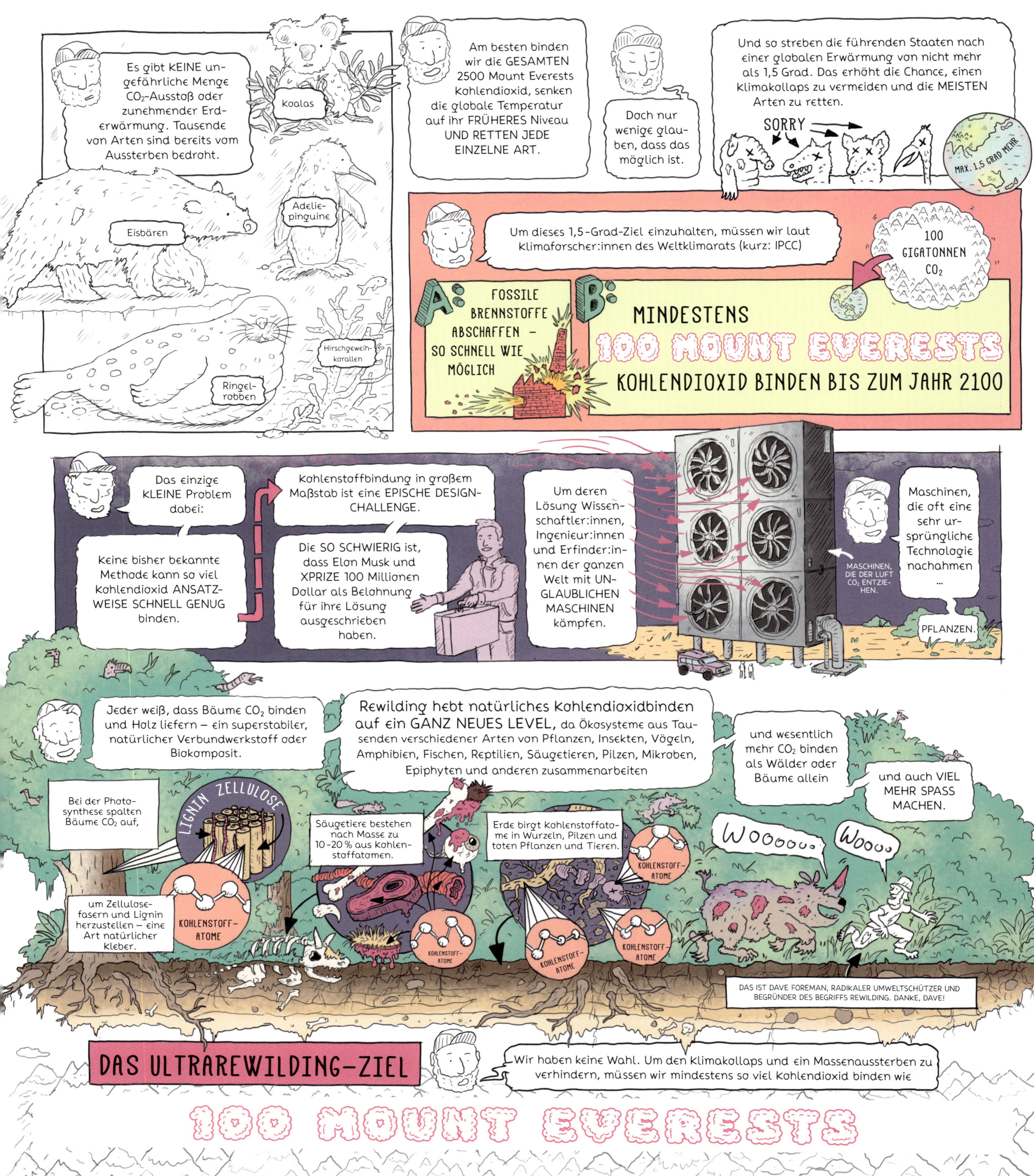

Es gibt KEINE ungefährliche Menge CO_2-Ausstoß oder zunehmender Erderwärmung. Tausende von Arten sind bereits vom Aussterben bedroht.
Koalas
Eisbären
Adeliepinguine
Hirschgeweihkorallen
Ringelrobben
Am besten binden wir die GESAMTEN 2500 Mount Everests Kohlendioxid, senken die globale Temperatur auf ihr FRÜHERES Niveau UND RETTEN JEDE EINZELNE ART.
Doch nur wenige glauben, dass das möglich ist.
Und so streben die führenden Staaten nach einer globalen Erwärmung von nicht mehr als 1,5 Grad. Das erhöht die Chance, einen Klimakollaps zu vermeiden und die MEISTEN Arten zu retten.
SORRY
MAX. 1,5 GRAD MEHR
Um dieses 1,5-Grad-Ziel einzuhalten, müssen wir laut Klimaforscher:innen des Weltklimarats (kurz: IPCC)
100 GIGATONNEN CO_2
A: FOSSILE BRENNSTOFFE ABSCHAFFEN – SO SCHNELL WIE MÖGLICH
B: MINDESTENS 100 MOUNT EVERESTS KOHLENDIOXID BINDEN BIS ZUM JAHR 2100
Das einzige KLEINE Problem dabei:
Keine bisher bekannte Methode kann so viel Kohlendioxid ANSATZWEISE SCHNELL GENUG binden.
Kohlenstoffbindung in großem Maßstab ist eine EPISCHE DESIGN-CHALLENGE.
Die SO SCHWIERIG ist, dass Elon Musk und XPRIZE 100 Millionen Dollar als Belohnung für ihre Lösung ausgeschrieben haben.
Um deren Lösung Wissenschaftler:innen, Ingenieur:innen und Erfinder:innen der ganzen Welt mit UNGLAUBLICHEN MASCHINEN kämpfen.
MASCHINEN, DIE DER LUFT CO_2 ENTZIEHEN.
Maschinen, die oft eine sehr ursprüngliche Technologie nachahmen …
PFLANZEN.
Jeder weiß, dass Bäume CO_2 binden und Holz liefern – ein superstabiler, natürlicher Verbundwerkstoff oder Biokomposit.
Rewilding hebt natürliches Kohlendioxidbinden auf ein GANZ NEUES LEVEL, da Ökosysteme aus Tausenden verschiedener Arten von Pflanzen, Insekten, Vögeln, Amphibien, Fischen, Reptilien, Säugetieren, Pilzen, Mikroben, Epiphyten und anderen zusammenarbeiten
und wesentlich mehr CO_2 binden als Wälder oder Bäume allein
und auch VIEL MEHR SPASS MACHEN.
Bei der Photosynthese spalten Bäume CO_2 auf,
LIGNIN ZELLULOSE
um Zellulosefasern und Lignin herzustellen – eine Art natürlicher Kleber.
KOHLENSTOFFATOME
Säugetiere bestehen nach Masse zu 10–20 % aus Kohlenstoffatomen.
KOHLENSTOFFATOME
Erde birgt Kohlenstoffatome in Wurzeln, Pilzen und toten Pflanzen und Tieren.
KOHLENSTOFFATOME
KOHLENSTOFFATOME
KOHLENSTOFFATOME
Woooooo
Woooo
DAS IST DAVE FOREMAN, RADIKALER UMWELTSCHÜTZER UND BEGRÜNDER DES BEGRIFFS REWILDING. DANKE, DAVE!
DAS ULTRAREWILDING-ZIEL
Wir haben keine Wahl. Um den Klimakollaps und ein Massenaussterben zu verhindern, müssen wir mindestens so viel Kohlendioxid binden wie
100 MOUNT EVERESTS

KAPITEL 6 DAS KANALBOOT-PROJEKT

Da ist BLOSS NOCH EINE SACHE. Um aberwitzig schnell wachsende Stadturwälder zu erschaffen, wäre VIEL Wasser hilfreich.

Überall auf der Welt wird bereits ohne zusätzliches Wasser Rewilding betrieben. Doch genau wie mehr Dünger würde auch mehr Wasser Rewilding der Städte ultra beschleunigen.

Zum Glück besitzen Städte, wenn es um Wasserspeicherung geht, UNGENUTZTES POTENZIAL.

KÖNNTE MAN UNGENUTZTE KANÄLE IN UNTERIRDISCHE FLÜSSE UMBAUEN UND SIE MIT U-BOOTEN BEFAHREN?

Wenn wir laufende Klos haben, brauchen wir keine Kanäle mehr.

Die sind RIESIG.

Paris hat ein über 2000 km langes Kanalsystem. Große Teile sind groß genug für Lkw.

4 M DURCHMESSER

In Londons supertiefe Super Sewer passen DREIFACHDECKERBUSSE.

BIS ZU 65 M TIEF

7,2 M

Und in Abu Dhabis senkrechten Tunnel passt ein 30-stöckiges Gebäude.

100 M TIEF

Verlassene Abwasserrohre sind PERFEKT als Regenwasserlager für Wälder!

Oder als Fisch-Städte,

Zombie-Apokalypse-Bunker,

zorbgroße Riesenkugelbahnen

und NATÜRLICH für U-Boote.

NICHTS EINFACHER ALS DAS

NEUE SCHÄCHTE, DAMIT WURZELN ROHRE NICHT BESCHÄDIGEN

AKTUELLE STUDIEN ZEIGEN: WURZELN «HÖREN» DIE AKUSTISCHEN SCHWINGUNGEN VON WASSER.

Ich rief Freunde bei Melbourne Water an. Sie berechneten, dass in ihre 402 km langen Kanäle 657 olympische Schwimmbecken voll Regenwasser passen.

WAS GEWALTIG IST.

Allerdings gibt es ein wiiinziges Problem.

Blockieren wir bloß Rohre und füllen sie mit Fischen, würden sie zu schwelenden Biogasreaktoren werden – wie die Kanäle der alten Römer.

UND EXPLODIEREN

KANALISATIONSROHRE EXPLODIEREN ANDAUERND

Moderne Kanäle explodieren, wenn Exkremente Methan produzieren, das aus Versehen von fehlerhafter Verkabelung entzündet wird. Häufig passiert das bei Blockaden wie in London, wo die Rohre voller FETTBERGE sind, gärenden Fettklumpen, so groß wie Wale.

Es wird geschätzt, dass in New York City jährlich über 2000 Kanalexplosionen stattfinden. Manche sprengen Kanaldeckel bis zu 90 m in die Luft.

2012 stürzte in China bei einer Kanalexplosion eine ganze Straße ein.*

DAS DING IST: Unterirdische Rohre haben kein Ökosystem zum natürlichen Recyceln von Exkrementen. Wenn Abwasser stagniert, ist die Kacke AM DAMPFEN.

MENSCHENKOT, FISCHKOT, TOTER FISCH, VERROTTENDE FETTBERGE, WENIG SAUERSTOFF

* AUF KEINEN FALL bei Youtube «Kanalexplosion» eingeben.

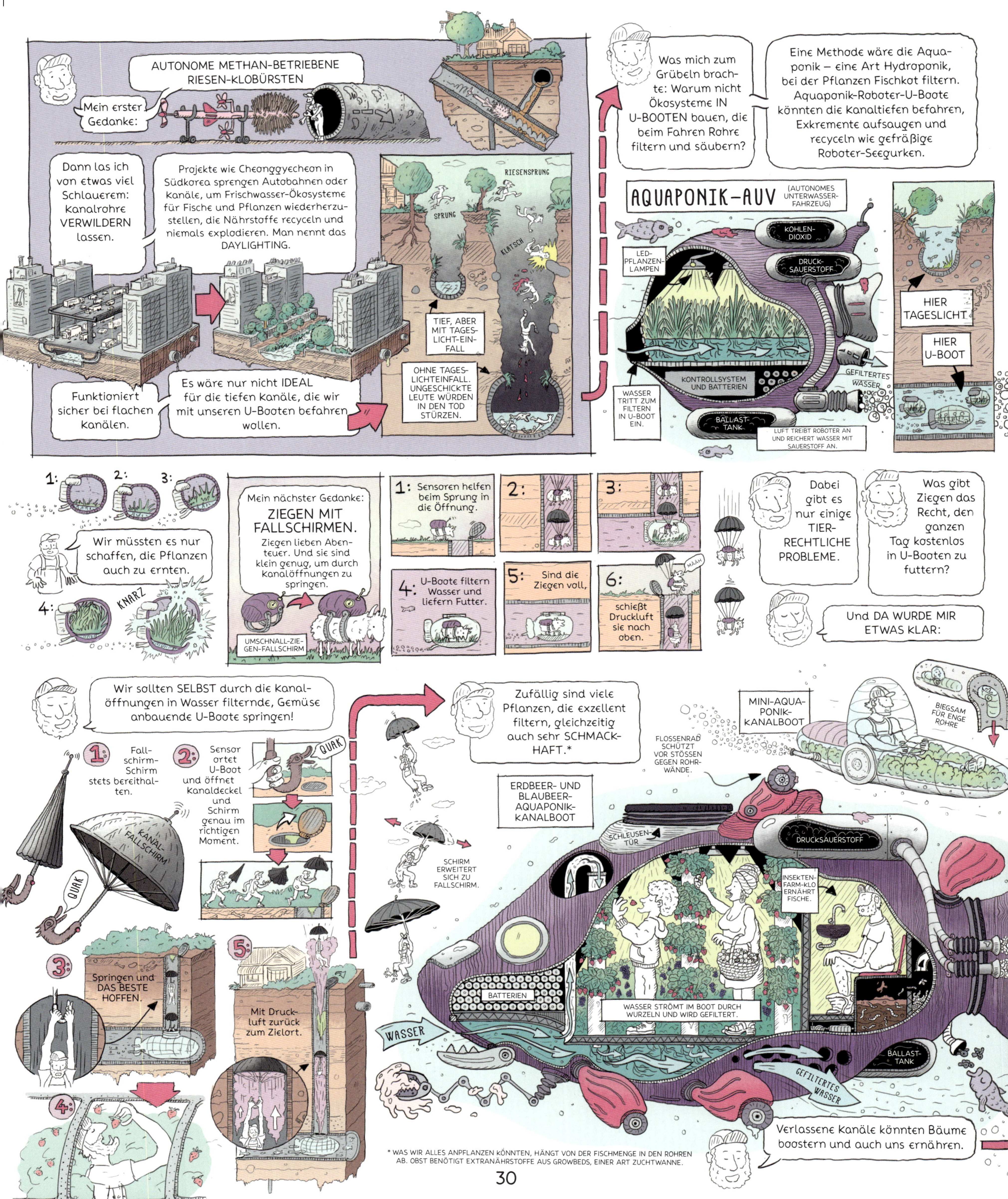

* WAS WIR ALLES ANPFLANZEN KÖNNTEN, HÄNGT VON DER FISCHMENGE IN DEN ROHREN AB. OBST BENÖTIGT EXTRANÄHRSTOFFE AUS GROWBEDS, EINER ART ZUCHTWANNE.

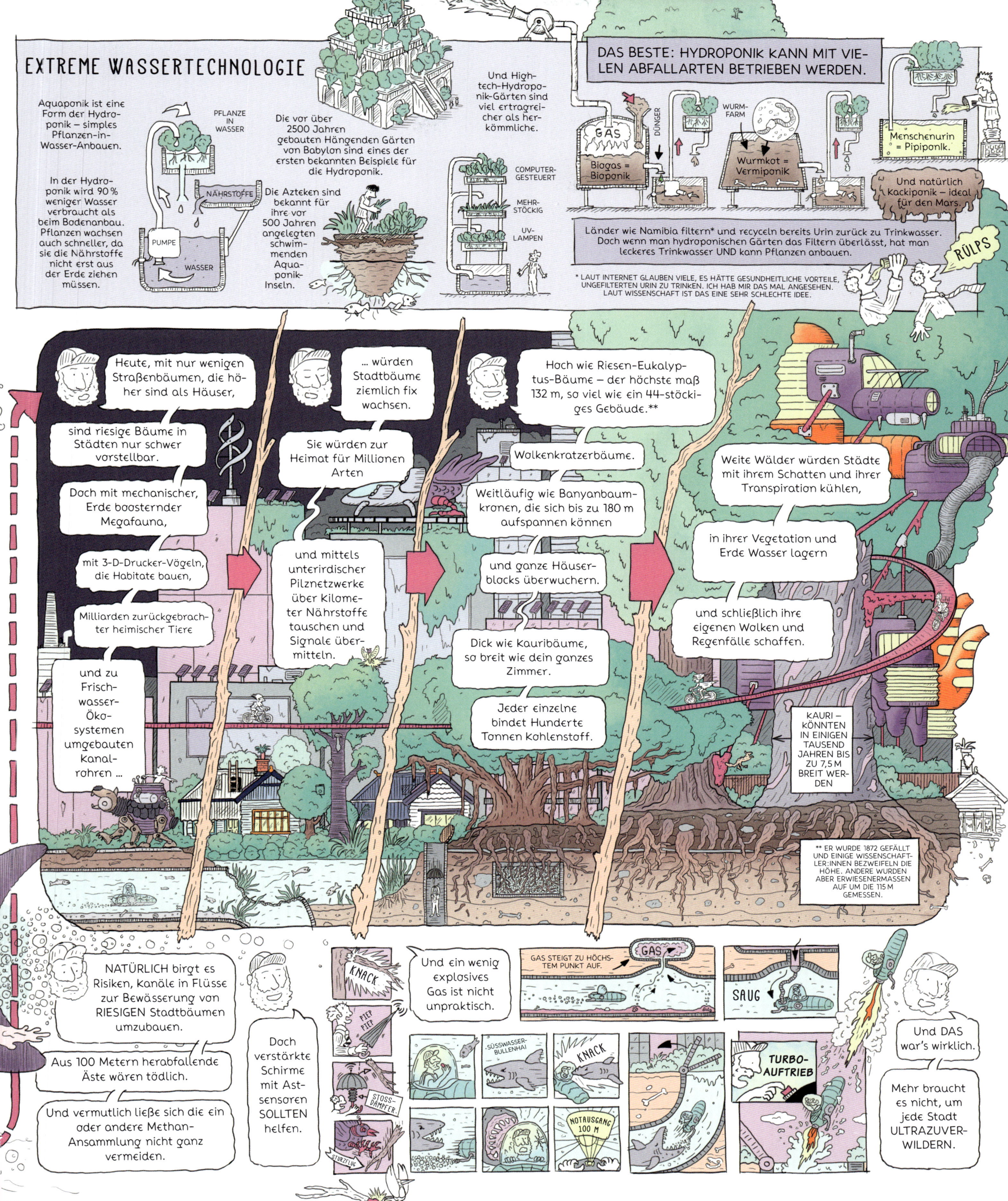

EXTREME WASSERTECHNOLOGIE
Aquaponik ist eine Form der Hydroponik – simples Pflanzen-in-Wasser-Anbauen.
In der Hydroponik wird 90 % weniger Wasser verbraucht als beim Bodenanbau. Pflanzen wachsen auch schneller, da sie die Nährstoffe nicht erst aus der Erde ziehen müssen.
PFLANZE IN WASSER
NÄHRSTOFFE
PUMPE
WASSER
Die vor über 2500 Jahren gebauten Hängenden Gärten von Babylon sind eines der ersten bekannten Beispiele für die Hydroponik.
Die Azteken sind bekannt für ihre vor 500 Jahren angelegten schwimmenden Aquaponik-Inseln.
Und High-tech-Hydroponik-Gärten sind viel ertragreicher als herkömmliche.
COMPUTER-GESTEUERT
MEHR-STÖCKIG
UV-LAMPEN
DAS BESTE: HYDROPONIK KANN MIT VIELEN ABFALLARTEN BETRIEBEN WERDEN.
GAS
DÜNGER
Biogas = Bioponik
WURM-FARM
Wurmkot = Vermiponik
Menschenurin = Pipiponik.
Und natürlich Kackiponik – ideal für den Mars.
Länder wie Namibia filtern* und recyceln bereits Urin zurück zu Trinkwasser. Doch wenn man hydroponischen Gärten das Filtern überlässt, hat man leckeres Trinkwasser UND kann Pflanzen anbauen.
RÜLPS
* LAUT INTERNET GLAUBEN VIELE, ES HÄTTE GESUNDHEITLICHE VORTEILE, UNGEFILTERTEN URIN ZU TRINKEN. ICH HAB MIR DAS MAL ANGESEHEN. LAUT WISSENSCHAFT IST DAS EINE SEHR SCHLECHTE IDEE.
Heute, mit nur wenigen Straßenbäumen, die höher sind als Häuser,
sind riesige Bäume in Städten nur schwer vorstellbar.
Doch mit mechanischer, Erde boosternder Megafauna,
mit 3-D-Drucker-Vögeln, die Habitate bauen,
Milliarden zurückgebrachter heimischer Tiere
und zu Frischwasser-Ökosystemen umgebauten Kanalrohren …
… würden Stadtbäume ziemlich fix wachsen.
Sie würden zur Heimat für Millionen Arten
und mittels unterirdischer Pilznetzwerke über Kilometer Nährstoffe tauschen und Signale übermitteln.
Hoch wie Riesen-Eukalyptus-Bäume – der höchste maß 132 m, so viel wie ein 44-stöckiges Gebäude.**
Wolkenkratzerbäume.
Weitläufig wie Banyanbaumkronen, die sich bis zu 180 m aufspannen können
und ganze Häuserblocks überwuchern.
Dick wie Kauribäume, so breit wie dein ganzes Zimmer.
Jeder einzelne bindet Hunderte Tonnen Kohlenstoff.
Weite Wälder würden Städte mit ihrem Schatten und ihrer Transpiration kühlen,
in ihrer Vegetation und Erde Wasser lagern
und schließlich ihre eigenen Wolken und Regenfälle schaffen.
KAURI KÖNNTEN IN EINIGEN TAUSEND JAHREN BIS ZU 7,5 M BREIT WERDEN
** ER WURDE 1872 GEFÄLLT UND EINIGE WISSENSCHAFTLER:INNEN BEZWEIFELN DIE HÖHE. ANDERE WURDEN ABER ERWIESENERMASSEN AUF UM DIE 115 M GEMESSEN.
NATÜRLICH birgt es Risiken, Kanäle in Flüsse zur Bewässerung von RIESIGEN Stadtbäumen umzubauen.
Aus 100 Metern herabfallende Äste wären tödlich.
Und vermutlich ließe sich die ein oder andere Methan-Ansammlung nicht ganz vermeiden.
Doch verstärkte Schirme mit Astsensoren SOLLTEN helfen.
KNACK
PIEP PIEP
STOSS-DÄMPFER
STURZFLUG
Und ein wenig explosives Gas ist nicht unpraktisch.
GAS STEIGT ZU HÖCHSTEM PUNKT AUF.
GAS
SAUG
SÜSSWASSER-BULLENHAI
KNACK
NOTAUSGANG 100 M
TURBO-AUFTRIEB
Und DAS war's wirklich.
Mehr braucht es nicht, um jede Stadt ULTRAZUVERWILDERN.

PARIS

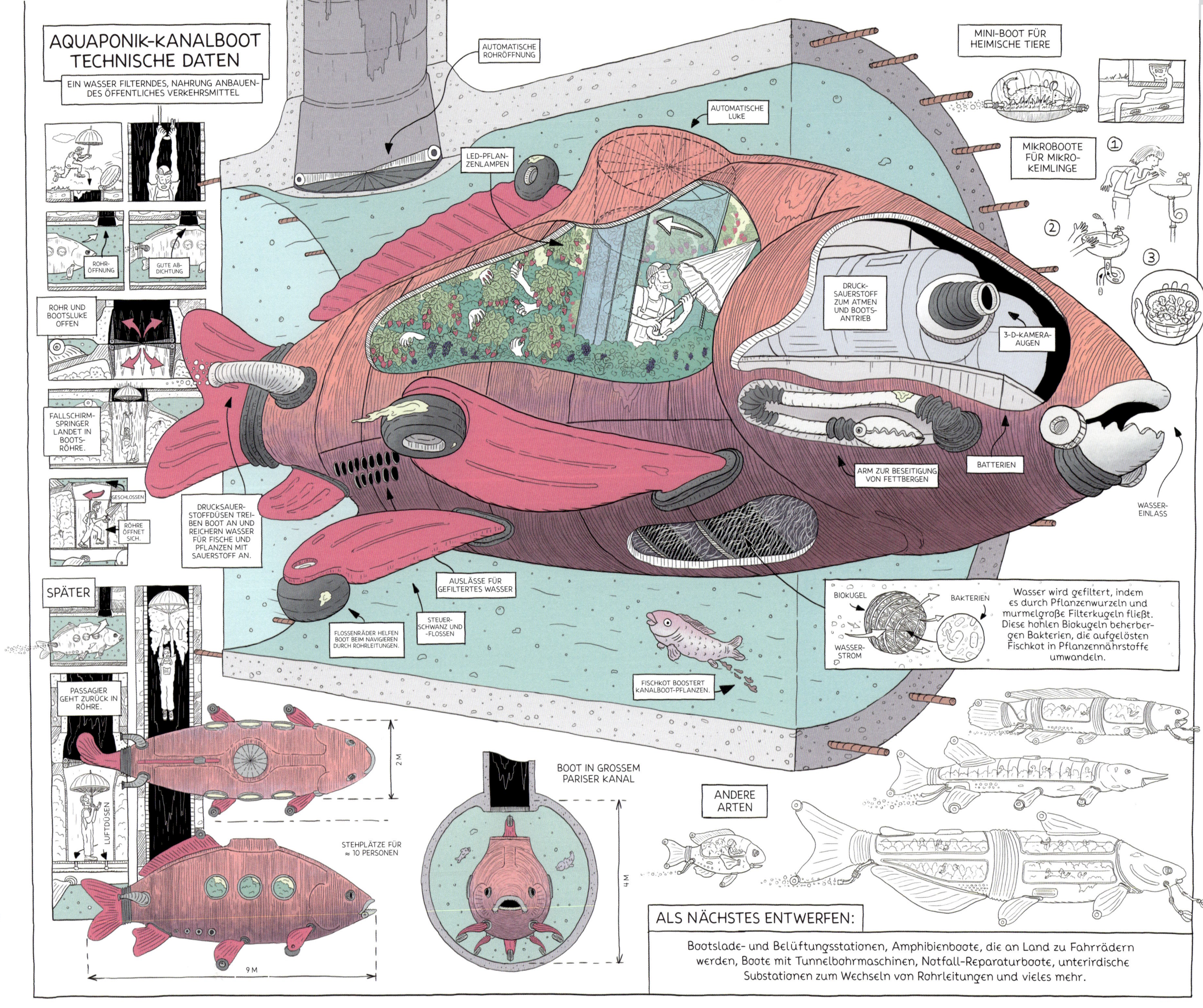
AQUAPONIK-KANALBOOT
TECHNISCHE DATEN
EIN WASSER FILTERNDES, NAHRUNG ANBAUENDES ÖFFENTLICHES VERKEHRSMITTEL
ROHR-ÖFFNUNG
GUTE ABDICHTUNG
ROHR UND BOOTSLUKE OFFEN
FALLSCHIRMSPRINGER LANDET IN BOOTSRÖHRE.
GESCHLOSSEN
RÖHRE ÖFFNET SICH.
SPÄTER
PASSAGIER GEHT ZURÜCK IN RÖHRE.
LUFTDÜSEN
AUTOMATISCHE ROHRÖFFNUNG
AUTOMATISCHE LUKE
LED-PFLANZENLAMPEN
DRUCKSAUERSTOFF ZUM ATMEN UND BOOTSANTRIEB
3-D-KAMERA-AUGEN
ARM ZUR BESEITIGUNG VON FETTBERGEN
BATTERIEN
WASSER-EINLASS
DRUCKSAUERSTOFFDÜSEN TREIBEN BOOT AN UND REICHERN WASSER FÜR FISCHE UND PFLANZEN MIT SAUERSTOFF AN.
AUSLÄSSE FÜR GEFILTERTES WASSER
STEUERSCHWANZ UND -FLOSSEN
FLOSSENRÄDER HELFEN BOOT BEIM NAVIGIEREN DURCH ROHRLEITUNGEN.
FISCHKOT BOOSTERT KANALBOOT-PFLANZEN.
BIOKUGEL
BAKTERIEN
WASSERSTROM
Wasser wird gefiltert, indem es durch Pflanzenwurzeln und murmelgroße Filterkugeln fließt. Diese hohlen Biokugeln beherbergen Bakterien, die aufgelösten Fischkot in Pflanzennährstoffe umwandeln.
MINI-BOOT FÜR HEIMISCHE TIERE
MIKROBOOTE FÜR MIKROKEIMLINGE
1
2
3
2 M
9 M
STEHPLÄTZE FÜR ≈ 10 PERSONEN
BOOT IN GROSSEM PARISER KANAL
4 M
ANDERE ARTEN
ALS NÄCHSTES ENTWERFEN:
Bootslade- und Belüftungsstationen, Amphibienboote, die an Land zu Fahrrädern werden, Boote mit Tunnelbohrmaschinen, Notfall-Reparaturboote, unterirdische Substationen zum Wechseln von Rohrleitungen und vieles mehr.

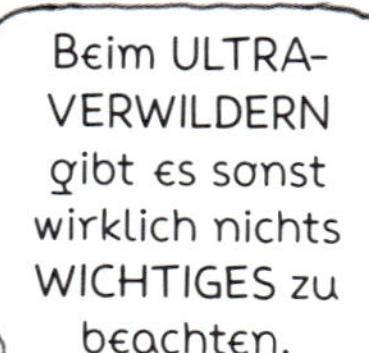

Beim ULTRAVERWILDERN gibt es sonst wirklich nichts WICHTIGES zu beachten.

Obwohl, da gibt es

SCHLUCK

ein einziges,

winziges

Problem.

ALLES total wiederzuverwildern,

funktioniert nicht

ÜBERALL.

Expert:innen sagen, Wiederverwildern klappt NUR, wenn der Mensch glücklich und sicher ist.

HÜHNER SIND GESCHRUMPFTE MEGAFAUNA. KÖNNTEN SIE DABEI HELFEN, GÄRTEN VOR WILDTIEREN ZU SCHÜTZEN?

KAPITEL 7

DAS HÜHNERSCHLOSS-PROJEKT

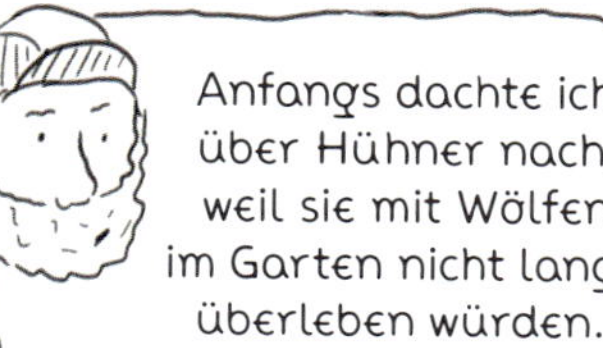

Anfangs dachte ich über Hühner nach, weil sie mit Wölfen im Garten nicht lange überleben würden.

LÖWEN würden sie unverzüglich in Fetzen reißen.

Und ein paar von uns gleich mit dazu.

Doch als ich so über das Zusammenleben von Hühnern und Menschen nachdachte

und dass Hühner gern in sicheren Bäumen hocken,

kamen mir ein paar Ideen:

1: Um zu überleben, müssen wir HOCH OBEN gärtnern.

AUF JEDEM DACH DER WELT GÄRTEN KULTIVIEREN

TOTALES CHAOS AM BODEN AKZEPTIEREN

2: Damit das klappt, müssen die Hühner auf UNSERER SEITE sein. (WEITERE HAUSTIERE SCHADEN AUCH NICHT.)

ES IST EIN WISSENSCHAFTLICHER FAKT: HÜHNER SIND DIE NÄCHSTEN LEBENDEN VERWANDTEN DES TYRANNOSAURUS REX.

Vor über 100 Millionen Jahren wurden einige Dinosaurier kleiner und kleiner – um mit immer weniger Essen zu überleben. Das hat sie vor dem Aussterben bewahrt. Heute ist von ihnen nur noch das bescheidene Huhn übrig.

VOR 100 MILLIONEN JAHREN — HEUTE

Doch sie haben noch den Laserblick ihrer Vorfahren – sie nehmen UV-Licht wahr und können viel besser sehen als wir. So können sie auf sehr hilfreiche Weise EXTREM GEWALTTÄTIG sein: Sie PULVERISIEREN große Mengen kleiner Engerlinge zu Dünger.

HÜHNER HABEN MEHR LICHTREZEPTOREN ALS MENSCHEN.

Und erst ihre BEINE! Genau wie der T-Rex haben auch Hühner starke Beine, mit denen sie toll graben können.

WENIGER BEKANNT: Paläontolog:innen glauben, der T-Rex wäre so intelligent wie der Schimpanse gewesen. Und dass sein Mini-Nachfahre, das Huhn, das die meisten für hirnlos halten, zu hochkomplexen Gefühlen fähig ist, träumt, simple Matheaufgaben und Probleme lösen kann, indem es zukünftige Ereignisse voraussieht.

EINES TAGES BIN ICH KÖNIGIN.

HÜHNER SIND EINFACH UNGLAUBLICH. WIR MÜSSEN UNS ZUSAMMENTUN.

ARTENVERGLEICH

	VORTEILE	NACHTEILE
HÜHNER	Super im Recyceln von Abfällen und Erdeherstellen	Nicht besonders taff
HUNDE	15 000 Jahre Erfahrung im Mensch- und Tier-Bewachen	Haufen stinken.
KATZEN	Sie zu streicheln, baut Stress ab.	Eiskalte Mörder. Oft faul
MENSCHEN	Super im Müll-Produzieren und Waffen-Entwickeln	Immer faul. Körperlich jämmerlich. Jung sehr lecker

Wenn alle zusammenarbeiten, könnten wir UNEINNEHMBARE Dachgärten schaffen.

ANTI-FUCHS-LASER

KI-SOLARMODULE ZUR MAXIMIERUNG DES SONNENLICHTS UND MINIMIERUNG DER BESCHATTUNG

HÜHNERSITTER-DROHNE

1: Gartenbeete und Hühnergehege bauen.

2: Essensreste hochwerfen.

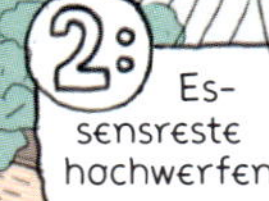

3: Hühner schlemmen und schaffen Erde.

4: Katzen beruhigen die Schwachen.

5: Hunde beschützen (MIT LASERWAFFEN-UNTERSTÜTZUNG)

WUFF

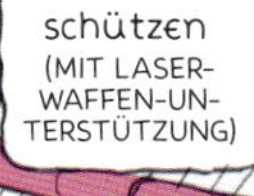

6: Eier einsammeln.

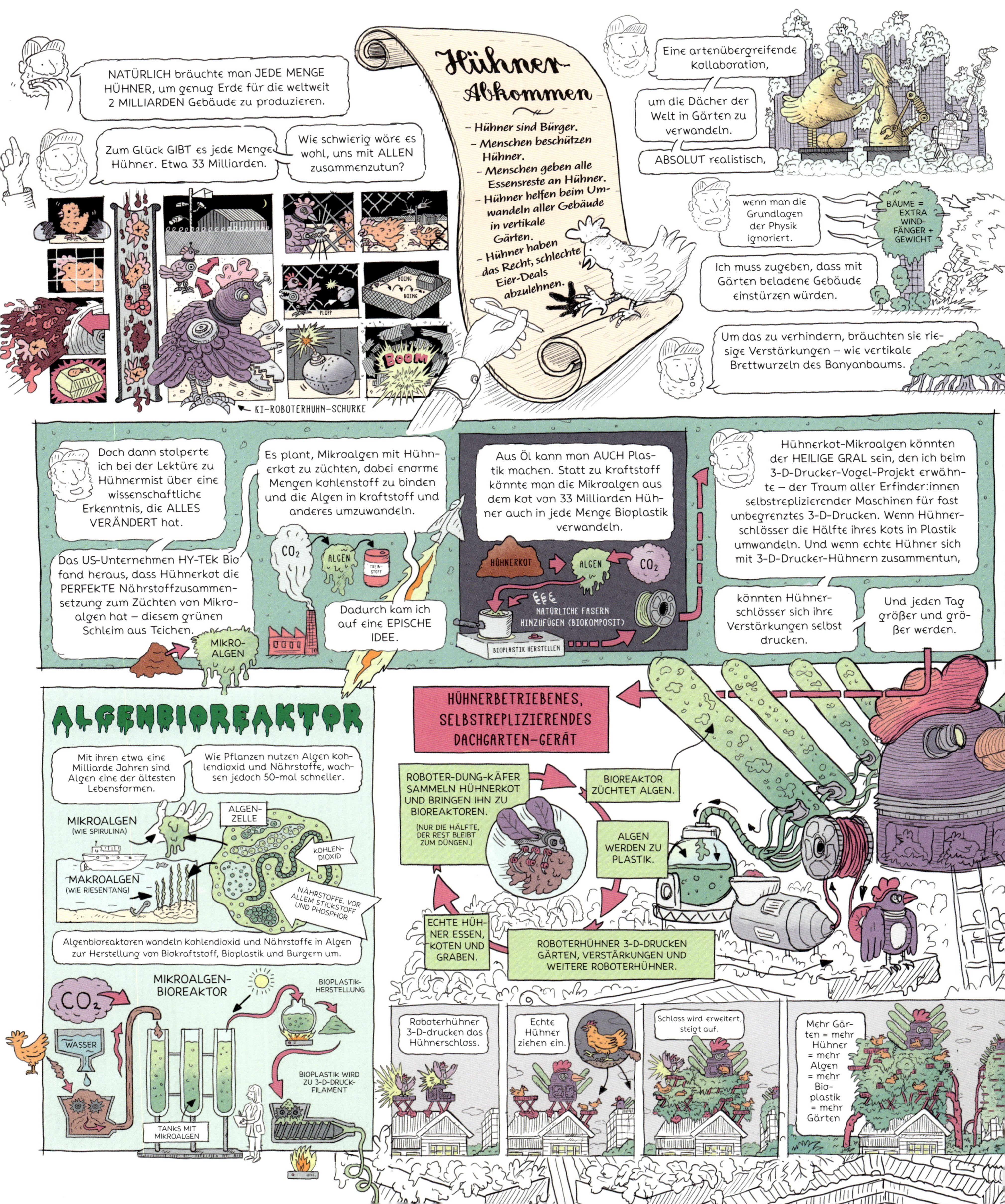
NATÜRLICH bräuchte man JEDE MENGE HÜHNER, um genug Erde für die weltweit 2 MILLIARDEN Gebäude zu produzieren.
Zum Glück GIBT es jede Menge Hühner. Etwa 33 Milliarden.
Wie schwierig wäre es wohl, uns mit ALLEN zusammenzutun?
BOING
BOING
PLOPP
BOOM
KI-ROBOTERHUHN-SCHURKE
Hühner-Abkommen
– Hühner sind Bürger.
– Menschen beschützen Hühner.
– Menschen geben alle Essensreste an Hühner.
– Hühner helfen beim Umwandeln aller Gebäude in vertikale Gärten.
– Hühner haben das Recht, schlechte Eier-Deals abzulehnen.
Eine artenübergreifende Kollaboration,
um die Dächer der Welt in Gärten zu verwandeln.
ABSOLUT realistisch,
wenn man die Grundlagen der Physik ignoriert.
BÄUME = EXTRA WIND-FÄNGER + GEWICHT
Ich muss zugeben, dass mit Gärten beladene Gebäude einstürzen würden.
Um das zu verhindern, bräuchten sie riesige Verstärkungen – wie vertikale Brettwurzeln des Banyanbaums.
Doch dann stolperte ich bei der Lektüre zu Hühnermist über eine wissenschaftliche Erkenntnis, die ALLES VERÄNDERT hat.
Das US-Unternehmen HY-TEK Bio fand heraus, dass Hühnerkot die PERFEKTE Nährstoffzusammensetzung zum Züchten von Mikroalgen hat – diesem grünen Schleim aus Teichen.
MIKRO-ALGEN
Es plant, Mikroalgen mit Hühnerkot zu züchten, dabei enorme Mengen Kohlenstoff zu binden und die Algen in Kraftstoff und anderes umzuwandeln.
CO_2
ALGEN
TREIB-STOFF
Dadurch kam ich auf eine EPISCHE IDEE.
Aus Öl kann man AUCH Plastik machen. Statt zu Kraftstoff könnte man die Mikroalgen aus dem Kot von 33 Milliarden Hühner auch in jede Menge Bioplastik verwandeln.
HÜHNERKOT
ALGEN
CO_2
NATÜRLICHE FASERN HINZUFÜGEN (BIOKOMPOSIT)
BIOPLASTIK HERSTELLEN
Hühnerkot-Mikroalgen könnten der HEILIGE GRAL sein, den ich beim 3-D-Drucker-Vogel-Projekt erwähnte – der Traum aller Erfinder:innen selbstreplizierender Maschinen für fast unbegrenztes 3-D-Drucken. Wenn Hühnerschlösser die Hälfte ihres Kots in Plastik umwandeln. Und wenn echte Hühner sich mit 3-D-Drucker-Hühnern zusammentun,
könnten Hühnerschlösser sich ihre Verstärkungen selbst drucken.
Und jeden Tag größer und größer werden.
ALGENBIOREAKTOR
Mit ihren etwa eine Milliarde Jahren sind Algen eine der ältesten Lebensformen.
Wie Pflanzen nutzen Algen Kohlendioxid und Nährstoffe, wachsen jedoch 50-mal schneller.
MIKROALGEN (WIE SPIRULINA)
ALGEN-ZELLE
KOHLEN-DIOXID
MAKROALGEN (WIE RIESENTANG)
NÄHRSTOFFE, VOR ALLEM STICKSTOFF UND PHOSPHOR
Algenbioreaktoren wandeln Kohlendioxid und Nährstoffe in Algen zur Herstellung von Biokraftstoff, Bioplastik und Burgern um.
CO_2
MIKROALGEN-BIOREAKTOR
BIOPLASTIK-HERSTELLUNG
WASSER
BIOPLASTIK WIRD ZU 3-D-DRUCK-FILAMENT
TANKS MIT MIKROALGEN
HÜHNERBETRIEBENES, SELBSTREPLIZIERENDES DACHGARTEN-GERÄT
ROBOTER-DUNG-KÄFER SAMMELN HÜHNERKOT UND BRINGEN IHN ZU BIOREAKTOREN.
(NUR DIE HÄLFTE, DER REST BLEIBT ZUM DÜNGEN.)
BIOREAKTOR ZÜCHTET ALGEN.
ALGEN WERDEN ZU PLASTIK.
ECHTE HÜHNER ESSEN, KOTEN UND GRABEN.
ROBOTERHÜHNER 3-D-DRUCKEN GÄRTEN, VERSTÄRKUNGEN UND WEITERE ROBOTERHÜHNER.
Roboterhühner 3-D-drucken das Hühnerschloss.
Echte Hühner ziehen ein.
Schloss wird erweitert, steigt auf.
Mehr Gärten = mehr Hühner = mehr Algen = mehr Bioplastik = mehr Gärten

FAST NICHTS IST EINFACHER. Um Dächer in sichere High-tech-vertikale-Gärten zu verwandeln, müssen Menschen bloß essen und die Reste aufs Dach werfen.

Mickrige Arme sind ein großes Problem moderner Menschen. Eines, das wir in diesem Buch nicht lösen können.

Aber natürlich haben wir LÄNGST eine Lösung für müheloses Kompost-abschießen: METHANKANONEN. Wir brauchen nur winzige Kanonen wie Voltas von 1776.

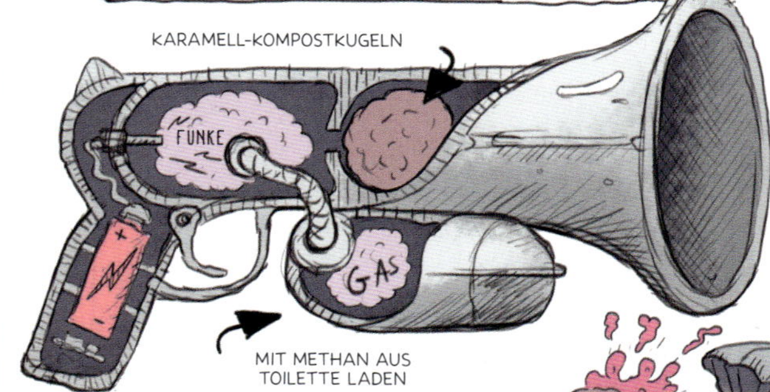

DACHTE ICH JEDENFALLS. Der Haken: Nachdem ich eine handgeführte Methankanone gebaut hatte, stellte ich überrascht fest: KANONEN EIGNEN SICH NICHT, UM HÜHNER ZU FÜTTERN.

HÜHNER KÖNNEN SICH NICHT MIT VERSTÄRKTEN SCHIRMEN SCHÜTZEN.

Zum Füttern von Hühnern eignen sich Katapulte VIEL besser.

Von Katapulten abgeschossene Kompostkugeln sind viel langsamer als die aus Kanonen – also brauchen sie keine harte Hülle, um im Flug intakt zu bleiben.

KEIN BEDARF AN KARAMELL – NUR ETWAS SIRUP ZUM BINDEN DER MIXTUR

ANMERKUNG: Methan-betriebene Mini-kompostkanonen sind dennoch nützlich. Man kann sie für alles Mögliche nutzen. Siehe Seite 48.

ALLE ÜBERZEUGEN

Natürlich wird es weiterhin Nervensägen geben, die Sicherheitsbedenken haben. Die glauben, dass wir die Katapulte nutzen, um uns zum Spaß gegenseitig abzuschießen.*

Um die Öffentlichkeit zu überzeugen, dass Katapulte ABSOLUT sicher sind, brauchen wir etwas Extratechnologie und eine schlaue Umbenennung.

* NATÜRLICH MACHEN WIR DAS.

Deshalb schlage ich auch Kanonen und Katapulte statt simple Förderbänder vor.

Wir brauchen Kompostapulte – Sicherheitsabschussgeräte, darauf programmiert, NUR** smarte Ziele auf Dächern zu treffen.

LASER UND KAMERA

** Natürlich absolut hackbar – sodass wir wenigstens auf jede Nervensäge Kompost abschießen können.

Um 100 Etagen hohe Dächer zu erreichen, brauchen wir natürlich EXTREM leistungsstarke Straßen-Kompostapulte. Vielleicht so leistungsstark wie die MÄCHTIGSTEN RÖMISCHEN KATAPULTE ALLER ZEITEN. Sollte kein Problem sein.

Laut antiken Aufzeichnungen konnten römische Geschütze 26 kg schwere Felsbrocken 460 m weit schießen. Sie könnten also 26 kg schwere Kompostkugeln etwa 182 m nach oben schießen – 60 Etagen hoch.

RÖMISCHE BALLISTE

HOLZWURF-ARME

PFERDE-HAAR-SEIL

Design-Verbesserungen, moderne Materialien und geometrische Erkenntnisse erhöhen die Leistung. Grob berechnet könnte eine laternengroße Balliste dieselbe Kugel 484 m weit oder 161 Etagen hochschießen.

MEGA-LATERNEN-BALLISTE

ANMERKUNG: NATÜRLICH WÄRE ES VIEL ZU GEFÄHRLICH, RIESIGE KOMPOSTAPULTE HACKBAR ZU MACHEN.

Eine hochspannungsmast-große Version schafft 951 m oder 317 Etagen.

MEGA-MAST-BALLISTE

EXTRA-ANMERKUNG: VIELLEICHT KÖNNTE MAN SIE AN EINEM TAG IM JAHR FREIGEBEN, UM JEDES ZIEL MIT IHNEN ZU BESCHIESSEN – NUR ZUM SPASS. WAS KANN SCHON PASSIEREN?

NATÜRLICH käme es zu vielen Unfällen.

Doch der Gedanke an basketballgroße Kompostkugeln, die aus Versehen Löcher in Wände schießen, brachte mich auf eine praktische und sinnvolle Idee: Kompostapulte könnten auch jede Wand weltweit begrünen.

KOMPOSTGEFÜLLTE LÖCHER = PERFEKT ALS WANDKÜBEL

Doch um die Leute dazu zu animieren, monatelang Essensreste für wandzerschmetternde Megakugeln zu sammeln, bräuchte es definitiv MEGA-EI-BELOHNUNGEN.

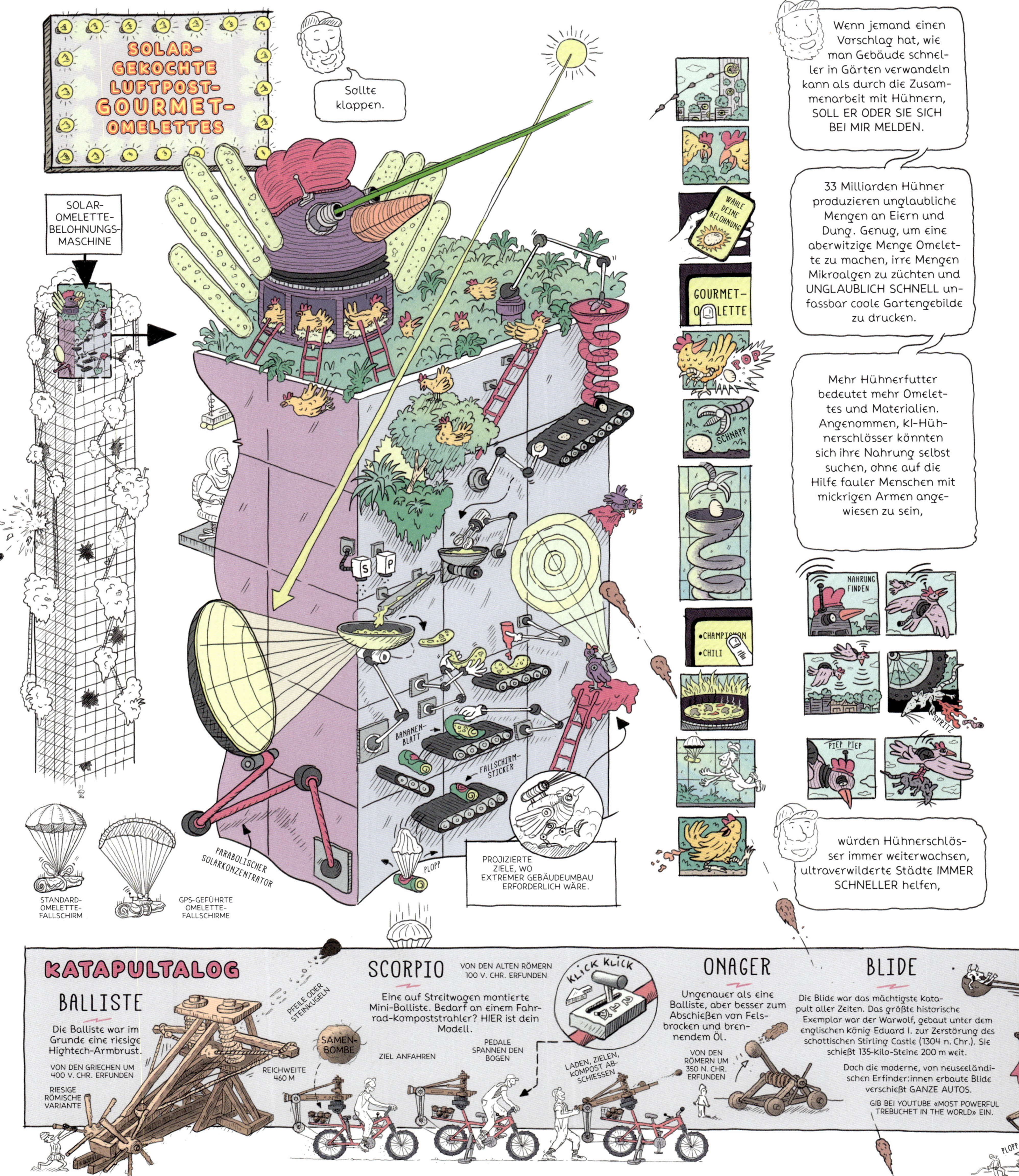
SOLAR-GEKOCHTE LUFTPOST-GOURMET-OMELETTES
Sollte klappen.
SOLAR-OMELETTE-BELOHNUNGS-MASCHINE
Wenn jemand einen Vorschlag hat, wie man Gebäude schneller in Gärten verwandeln kann als durch die Zusammenarbeit mit Hühnern, SOLL ER ODER SIE SICH BEI MIR MELDEN.
WÄHLE DEINE BELOHNUNG
GOURMET-OMELETTE
POP
SCHNAPP
CHAMPIGNON
CHILI
33 Milliarden Hühner produzieren unglaubliche Mengen an Eiern und Dung. Genug, um eine aberwitzige Menge Omelette zu machen, irre Mengen Mikroalgen zu züchten und UNGLAUBLICH SCHNELL unfassbar coole Gartengebilde zu drucken.
Mehr Hühnerfutter bedeutet mehr Omelettes und Materialien. Angenommen, KI-Hühnerschlösser könnten sich ihre Nahrung selbst suchen, ohne auf die Hilfe fauler Menschen mit mickrigen Armen angewiesen zu sein,
NAHRUNG FINDEN
SPRITZ
PIEP PIEP
würden Hühnerschlösser immer weiterwachsen, ultraverwilderte Städte IMMER SCHNELLER helfen,
S
P
BANANENBLATT
FALLSCHIRM-STICKER
PARABOLISCHER SOLARKONZENTRATOR
PLOPP
PROJIZIERTE ZIELE, WO EXTREMER GEBÄUDEUMBAU ERFORDERLICH WÄRE.
STANDARD-OMELETTE-FALLSCHIRM
GPS-GEFÜHRTE OMELETTE-FALLSCHIRME
KATAPULTALOG
BALLISTE
Die Balliste war im Grunde eine riesige Hightech-Armbrust.
VON DEN GRIECHEN UM 400 V. CHR. ERFUNDEN
RIESIGE RÖMISCHE VARIANTE
PFEILE ODER STEINKUGELN
REICHWEITE 460 M
SCORPIO
VON DEN ALTEN RÖMERN 100 V. CHR. ERFUNDEN
Eine auf Streitwagen montierte Mini-Balliste. Bedarf an einem Fahrrad-Kompoststrahler? HIER ist dein Modell.
SAMENBOMBE
ZIEL ANFAHREN
PEDALE SPANNEN DEN BOGEN
KLICK KLICK
LADEN, ZIELEN, KOMPOST ABSCHIESSEN
ONAGER
Ungenauer als eine Balliste, aber besser zum Abschießen von Felsbrocken und brennendem Öl.
VON DEN RÖMERN UM 350 N. CHR. ERFUNDEN
BLIDE
Die Blide war das mächtigste Katapult aller Zeiten. Das größte historische Exemplar war der Warwolf, gebaut unter dem englischen König Eduard I. zur Zerstörung des schottischen Stirling Castle (1304 n. Chr.). Sie schießt 135-Kilo-Steine 200 m weit.
Doch die moderne, von neuseeländischen Erfinder:innen erbaute Blide verschießt GANZE AUTOS.
GIB BEI YOUTUBE «MOST POWERFUL TREBUCHET IN THE WORLD» EIN.
PLOPP

massiv zu den Baumflächen in Städten beizutragen
und irre Mengen Kohlendioxid zu binden.
CO_2
ES WÄRE KOLOSSAL
Doch es gibt ein paar WINZIGE Risiken, extreme und exponentielle KI-hühnerschlösser-betriebene Umbaumaßnahmen betreffend, die ich erwähnen sollte.
DIE MEGARISIKEN VON MEGADEALS MIT HÜHNERN
ZUNÄCHST: Falls ich den Heiligen Gral des Selbstreplizierens finde und falls selbstreplizierende Hühnerschlösser mit beinahe unbegrenzten Ressourcen jemals abtrünnig werden, könnten sie DIE WELT ZERSTÖREN. Dies ist eine Variation eines bekannten wissenschaftlichen Problems, vor dem sich Wissenschaftler:innen seit Jahrzehnten fürchten. Bekannt als GRAUE-SCHMIERE-SZENARIO. Nicht nachschlagen, es ist zu gruselig.
Doch da sind noch die gewalttätigen Seiten unserer Verbündeten.
Der T-Rex wurde immer kleiner und heute ist nur das freundliche Huhn übrig.
RIESIGES HÜHNER- UND EIER-PROBLEM
ABER in Dachparadiesen mit viel Nahrung und ohne Raubtiere könnte es PASSIEREN, dass Hühner sich wieder zurückentwickeln* – ihre Beine immer länger werden und ihre Kiefer die Essensreste immer schneller zerpflücken. Daher ist es THEORETISCH NICHT UNMÖGLICH, dass Hühner irgendwann zu
TYRANNOSAURUS-HÜHNERN
werden.
SCHLECHTE ZUKUNFT A:
Abtrünnige 3-D-Drucker-Hühner bedecken die gesamte Welt mit Schlössern und verbünden sich mit echten Vögeln, um alles zu beherrschen.
GEHORCHE
UNWAHRSCHEINLICH – UND IRGENDWIE AUCH COOL
SCHLECHTE ZUKUNFT B:
Unser Planet wird in ein riesiges Plastiknest verwandelt.
EXTREM UNWAHRSCHEINLICH, ABER TROTZDEM GRUSELIG
VOR 67 MILLIONEN JAHREN
WIRD KLEINER
HEUTIGES HUHN
WIRD GRÖSSER
UND GRÖSSER
UND GRÖSSER
EINES TAGES
Angenommen, Robotervögel entscheiden sich dagegen, die Weltherrschaft zu übernehmen, und Hühner entwickeln sich nicht schneller zurück, als wir faire Handelsabkommen mit ihnen schließen können,
ist die Zusammenarbeit zur Umwandlung aller Gebäude in sichere mehrgeschossige Gärten ABSOLUT MÖGLICH.
SICHER, dem ein oder anderen wird mal eine Kompostkugel DIREKT INS GESICHT fliegen.
ABER es ist wissenschaftlich erwiesen, dass es SEHR BERUHIGEND ist, Bäume zu betrachten.** Und es gäbe so viele Bäume und wir würden so viel Omelette essen, dass es uns womöglich vollkommen EGAL ist.
Eine artenübergreifende Kollaboration könnte FÜR JEDEN SICHERE wiederverwilderte Städte schaffen.
FAST JEDEN
RIP INVASIVE ARTEN
Und DAS ist die Lösung für unser Städte-wieder-verwildern-Gedanken-Experiment.
VIEL WICHTIGER: Bei meiner Recherche zu Algen-Superkräften habe ich herausgefunden, dass viele ein SUPERFOOD sind. Und laut Designer:innen wie Annie Larkins eignen sie sich PERFEKT zur Herstellung von superrealistischen FAKE-EIERN.
ESSEN.
KACKEN.
GRABEN.
MEHR HÜHNER MACHEN, DIE WELTHERRSCHAFT ÜBERNEHMEN.
ANNIES «EGGSPERIMENTE» HABEN EINE HARTE SCHALE UND SUPERCOOLE FORMEN.
Algen-basiertes Omelette-Pulver
Wir können also bald aufhören, echte Eier zu essen. Und den Hühnern ihren Spaß lassen.
* AUCH EINE ART, DIE AUSSIEHT WIE FRÜHER, ENTWICKELT SICH WISSENSCHAFTLICH BETRACHTET WEITER.
** BEI ZWEIFELN GERNE «WALDBADEN» UND «STRESSREDUZIERUNG DURCH BÄUME BETRACHTEN» RECHERCHIEREN.
VERRATE KEINEM …
Diese historischen Katapulte sind heute so unbekannt, dass es in den meisten Ländern ABSOLUT LEGAL ist, sie zu bauen, zu besitzen und abzufeuern. Mein Tipp: Bau dir schnell eins – bevor Nervensägen davon erfahren.
FALLENDES GEGENGEWICHT SCHLEUDERT GESCHOSSE.
GEGENGEWICHT WIRD VON IN EINEM RAD LAUFENDEN MENSCHEN ANGEHOBEN.
MANGONEL
Mini-Blide. Auf dem Schlachtfeld leicht und schnell zu bewegen und laden. Perfekt für riesige Wasserbomben.
IN CHINA ERFUNDEN UM 300 V. CHR.
SCHLEUDER
Erst erfunden, als Gummi allgemein zugänglich wurde (ab den 1850ern).
REICHWEITE 200 M
GUMMIHANDSCHUH-VARIANTE
(LEICHT ZU HAUSE HERZUSTELLEN)
(DAUMEN IST OPTIMAL)
PLASTIKROHR
KLEBEBAND
SAMENBOMBE
SCHIFFCONTAINER-BLIDE
Weder unmöglich, noch illegal. Könnte in einem eventuellen zweiten Mittelalter praktisch sein.
A: RECYCELTER ÖLTANKER VOLL MENSCHENKOT
B: ABGEREICHERTES-URAN-GEGENGEWICHT (SEHR SCHWER)
A
B

KAPITEL 8

DIE HÄRTESTEN MATERIALIEN DER WELT 3-D-DRUCKEN

(DIE WISSENSCHAFT HINTER DEN HÜHNERSCHLÖSSERN)

OKAY, ich gebe zu:

Einige meiner Ultraverwilderungspläne klingen ETWAS weit hergeholt.

Den Planeten mit dem 3-D-Drucken von Hochhäusern aus Hühnerkot-Plastik retten,

klingt nicht soo realistisch.

So gar nicht.

Vielleicht fragst du dich mittlerweile, ob AUCH NUR EINE IDEE in diesem Buch ÜBERHAUPT realistisch ist.

Aber glaube mir:

Alles in diesem Buch ist THEORETISCH MÖGLICH.

Alles ist, denke ich, machbar. Wenn nicht jetzt, dann bald.*

* ICH REDE VON MEINEN NEUESTEN ERFINDUNGEN. EINIGE DER EXPERIMENTELLEREN IDEEN – WIE DAS 3-D-DRUCKEN MENSCHLICHER KÖRPER – SIND MIT HEUTIGER TECHNOLOGIE NOCH LANGE NICHT MÖGLICH.

ALLES, was ich beschrieben habe, basiert auf wissenschaftlichen Fakten.*

Woher weiß ich zum Beispiel, dass Hühner WIRKLICH genug Dung herstellen, um genug Algen zu züchten, um genug Plastik zum Umwandeln aller Hochhäuser in Urwälder zu produzieren?

Um das zu klären, habe ich meinen Algenwissenschaftler-Surfer-Freund Dr. François Thoral besucht.

François erforscht Riesentang am NIWA – dem National Institute of Water and Atmospheric Research in Auckland, Neuseeland.

STEVE ... du weißt schon, dass es über 30 000 Algenarten gibt, oder?

Mein Fachgebiet sind MAKROalgen – das große Zeug.

Riesentang unterscheidet sich von MIKROalgen, die man zur Herstellung von Bioplastik braucht, wie ein Elefant von einer Rose.

Über Mikroalgen weiß ich NICHTS!

Doch François war genauso neugierig zu erfahren, ob Hühner wirklich die Welt retten könnten.

Also recherchierten wir, wie schnell Mikroalgen wachsen und wie man sie zu Plastik macht.

Ich schrieb HY-TEK Bio, dem großartigen Hühnerkot-betriebenen Bioreaktoren-Unternehmen, das mich zu meinen Hühnerschloss-Algenplastik-Ideen inspiriert hat.

Dort waren sie sehr hilfsbereit.

Bis ich anfing, zu viele seltsame und detaillierte Fragen zu stellen.

Wie viele Algen könnten 33 MILLIARDEN HÜHNER herstellen?

Keine Antwort.

Schade eigentlich!

Zum Glück basiert ihre Technologie auf wissenschaftlichen Studien – die für jeden zugänglich sind.

So ist Wissenschaft. Die meisten Studien kann man einsehen. Um dann die Studien und Daten zu finden, auf denen ihre Ideen basieren.

Von Raketenwissenschaft bis Vogelkunde, man kann zu allen veröffentlichten Studien einen detaillierten Bericht, auch «wissenschaftliches Paper» genannt, herunterladen.

NAME WISSENSCHAFTLER*IN UND HEIMATUNI

«ABSTRACT» GENANNTE ZUSAMMENFASSUNG

MEHR DETAILS UND DATEN

VERWEISE

HY-TEK Bios Technologie nutzt Studien von Wissenschaftler:innen der Universität of Maryland, USA.

Aus diesen wissen François und ich, dass in einen Bioreaktor gegebener Hühnerkot die Hälfte des gleichen Gewichts an Mikroalgen hervorbringt.

BIOREAKTOR

In einem Aufsatz zu Hühnerkot der Universität von Hawaii entdeckten wir, dass ein Huhn im Schnitt 160 g Kot am Tag verschleudert – etwa so viel wie du.

Getrocknet bleiben 63 g, die 31 g Algen bringen.

Und eine Studie der Universiti Sains Malaysia zeigt, dass man von 31,5 g Mikroalgen gerade genug Bioplastik erhält, um eine Legofigur zu drucken.

≈3 GRAMM

ALLE DATEN ZUSAMMENGEBRACHT, ERGAB SICH FOLGENDES:

33 Milliarden Hühner geteilt durch 8 Milliarden Menschen sind gleich 4 Hühner pro Mensch.

Oder im Schnitt knapp 10 Hühner auf jedem Dach.

Jedes Jahr produzieren 33 Milliarden Hühner 748 PYRAMIDEN KOT.

GIZEH-PYRAMIDEN-GROSSER BERG MIKROALGEN

Die Hälfte davon in unsere Dach-Bioreaktoren eingespeist, ergeben 92 Pyramiden Mikroalgen im Jahr.

Was uns 5 Pyramiden Bioplastik einbringen würde – genug, um jedes Gebäude der Welt in wenigen Jahren umzuwandeln.

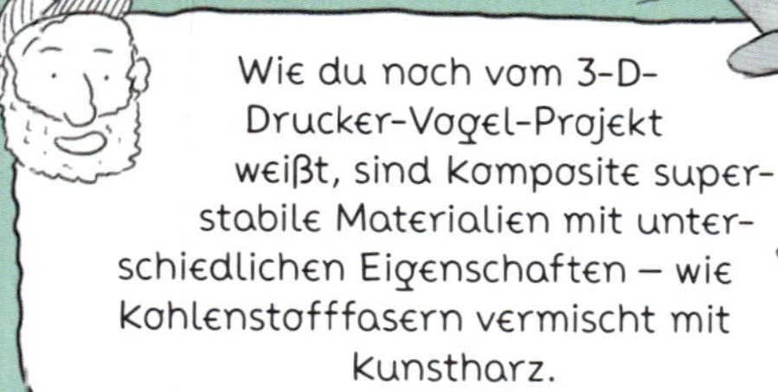

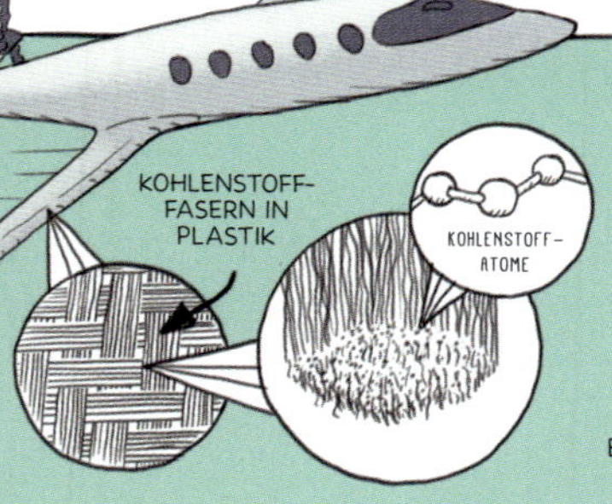

Und dass Biokomposite in der Natur vorkommen oder aus natürlichen oder biologischen Materialien bestehen.

Komposite können um ein Vielfaches stabiler als andere Materialien sein. Wodurch Gegenstände viel leichter werden.

Man weiß, dass Komposite 3-D-gedruckt werden können, weil die tollen Markforged 3-D-Drucker das bereits tun.

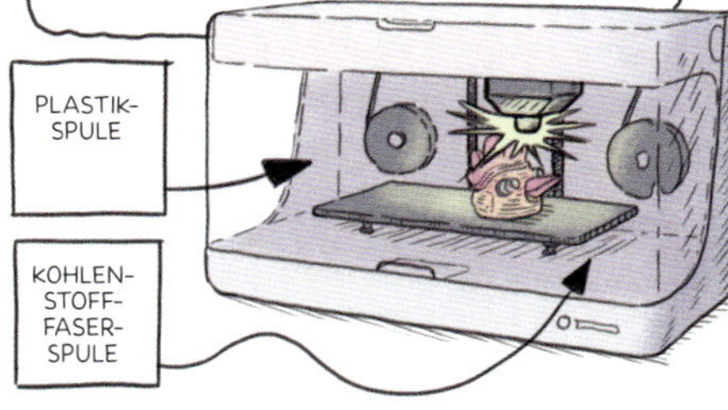

Und dass Komposite zum Herstellen riesiger Gebilde genutzt werden können, weil Rocket Lab das bereits tut.

Wir können also relativ sicher sein, dass es möglich ist, 3-D-Drucker-Vögel herzustellen, die mit einem Algenplastik-Biokomposit Gebäude drucken.

EXTRASPULE FASERN

BIOKOMPOSITE AUS ALGENPLASTIK UND NATÜRLICHEN FASERN

Die 5 Algen-Bioplastik-Pyramiden, die wir aus dem weltweiten Hühnerkot* gewinnen können, würden durch das Hinzufügen von Flachs oder anderen Naturfasern zu 8 Pyramiden superstabilem Biokomposit werden.

Das reicht, um jedes Jahr 1/4 Millionen Eiffelturm-große Gebilde zu drucken.

Oder jedes Jahr 24 in jeder der weltweit etwa 10 000 Städte.

DER HAKEN: Jeder australische Haushalt produziert im Schnitt genug Essensreste, um nicht 10, sondern 40 HÜHNER auf dem Dach zu ernähren.

Das führt zu 4-mal mehr Hühnerkot,

einer irren Menge 3-D-gedruckter Gärten auf jedem Dach und an jeder Wand und

vom Himmel fallendem Algenomelette.

Algen bestehen nach Gewicht etwa zu 50 % aus Kohlenstoff.

8 Algenplastik-Pyramiden herzustellen, würde der Atmosphäre JEDES JAHR 0,3 Mount Everests oder 0,3 Gigatonnen Kohlendioxid entziehen.

Etwa die gleiche Menge, die 16 MILLIARDEN BÄUME jedes Jahr aufnehmen.

Und da ist noch etwas.

Kürzlich fand man heraus, dass manche natürlichen Biokomposite stärker sind als Stahl oder Kohlenstofffasern – zum Beispiel die winzigen Zähne von Napfschnecken.

Rasterelektronenmikroskopaufnahme von Napfschneckenzähnen (University of Portsmouth: Asa Barber)

Laut Wissenschaftler:innen der Queen Mary University of London sind Napfschneckenzähne Komposite aus «Goethit-Nanofasern in einer Proteinmatrix».

Sie sind 4-mal stärker als Stahl und 2-mal stärker als Kohlenstofffasern.

Und man glaubt, es könnte möglich sein, sie zu kopieren und zu vergrößern.

Wodurch unvorstellbar große und komplexe 3-D-gedruckte Gebilde möglich wären.

HARZ-STRUKTUR

* AUS DER EINEN HÄLFTE. DIE ANDERE HÄLFTE WIRD ZUM GÄRTNERN BENUTZT.

«Was wäre, wenn ich mich bei jeder neuen Erfindung fragen würde: Wie würde die Natur es lösen?»
JANINE BENYUS, Autorin und Begründerin des Begriffs «Biomimikry»

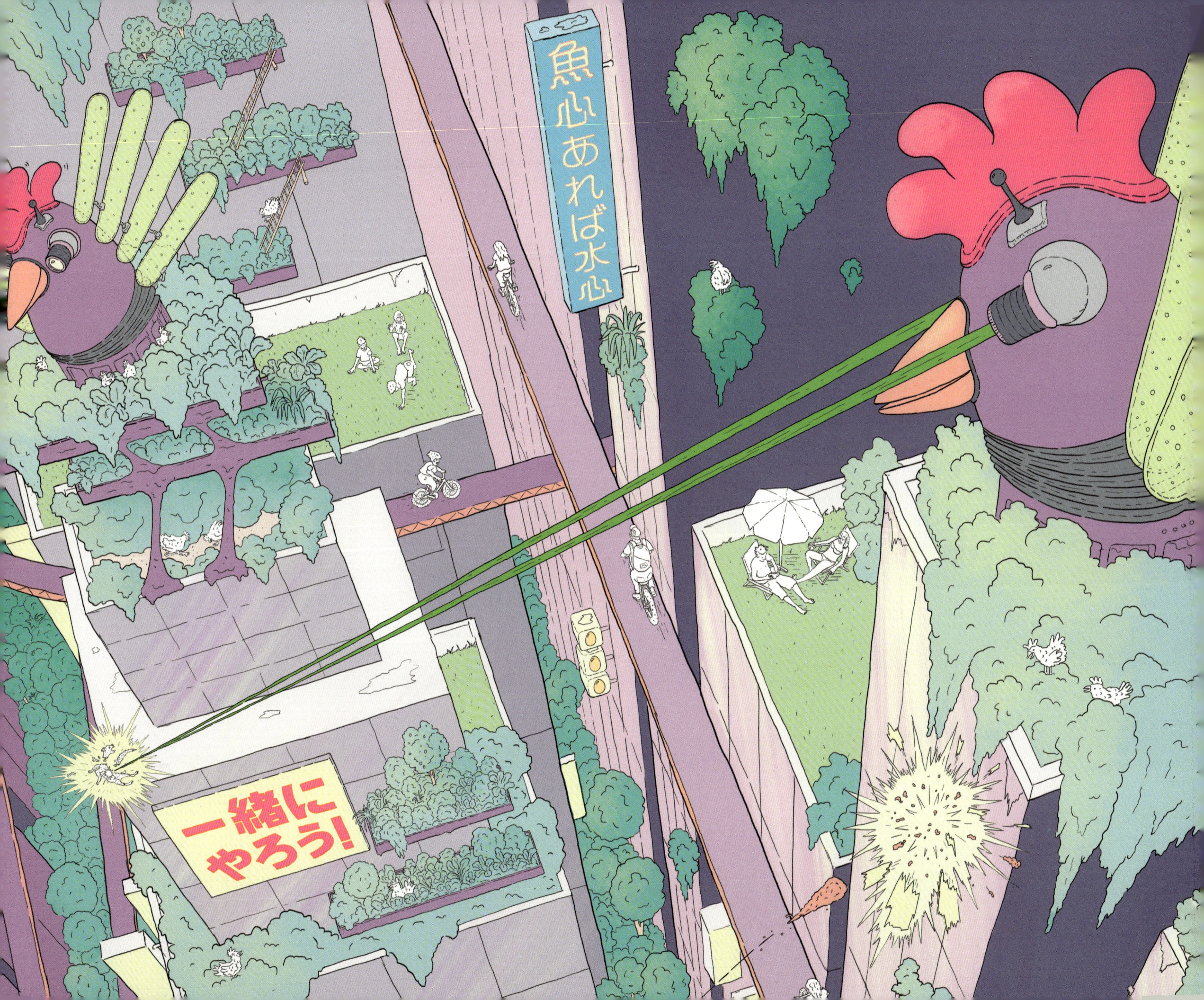
魚心あれば水心
一緒にやろう!

七転び八起き
晴耕雨読
TOKIO

HÜHNERSCHLOSS-HERSTELLENDES, 3-D-GEDRUCKTES LATERNEN-KOMPOSTAPULT TECHNISCHE DATEN

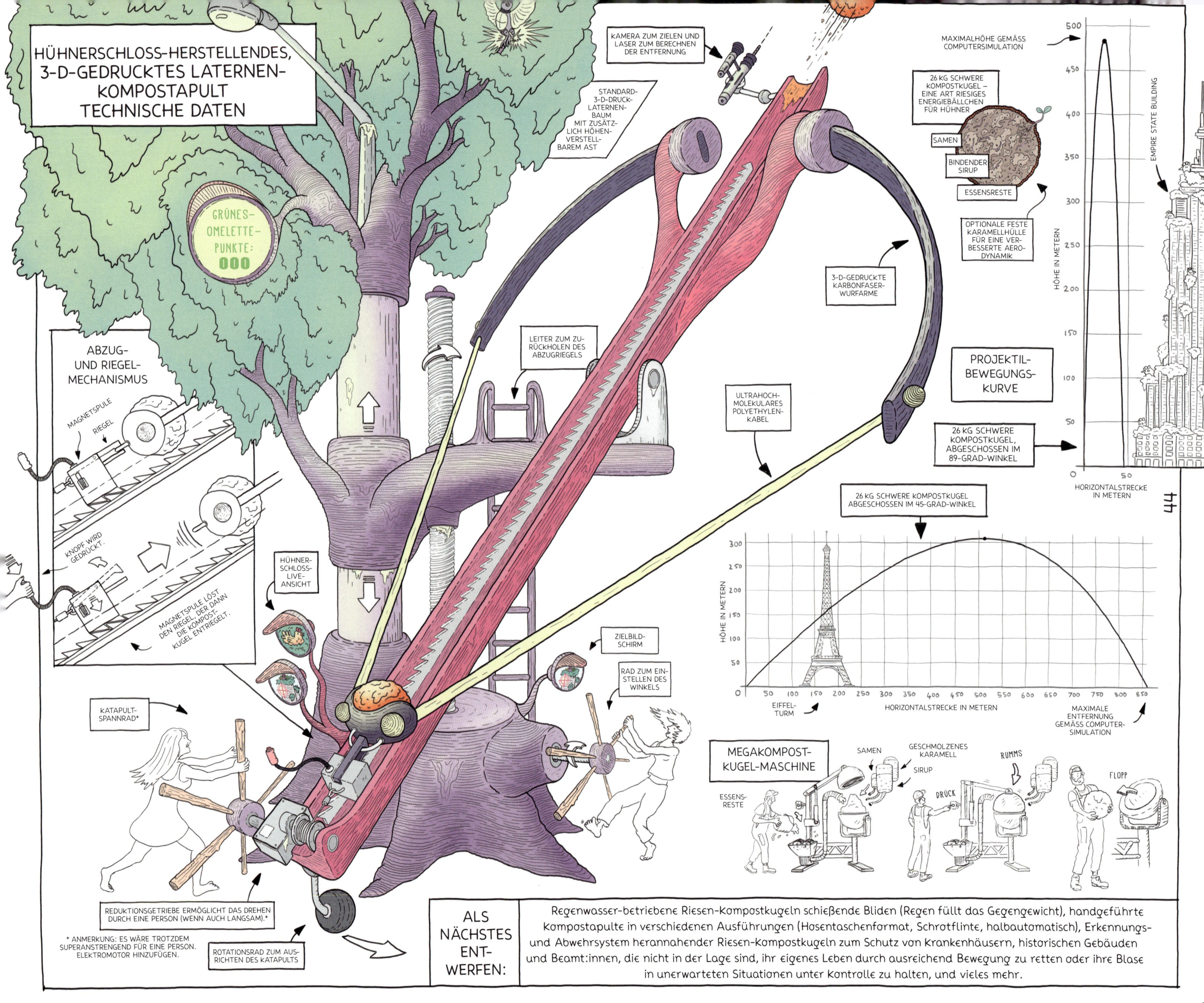

ALS NÄCHSTES ENTWERFEN: Regenwasser-betriebene Riesen-Kompostkugeln schießende Bliden (Regen füllt das Gegengewicht), handgeführte Kompostapulte in verschiedenen Ausführungen (Hosentaschenformat, Schrotflinte, halbautomatisch), Erkennungs- und Abwehrsystem herannahender Riesen-Kompostkugeln zum Schutz von Krankenhäusern, historischen Gebäuden und Beamt:innen, die nicht in der Lage sind, ihr eigenes Leben durch ausreichend Bewegung zu retten oder ihre Blase in unerwarteten Situationen unter Kontrolle zu halten, und vieles mehr.

Tja, so KÖNNTE es enden. Mit den bisherigen Plänen KÖNNTEN wir Städte in kürzester Zeit wiederverwildern UND uns IN SICHERHEIT BRINGEN.

Wir KÖNNTEN das Gedankenexperiment also beenden.

ABER da wäre noch eine Sache, die mir nicht aus dem Kopf geht.

Laut Psycholog:innen ist es keine gute Idee, sich in ABSOLUTER SICHERHEIT zu befinden. Tatsächlich lässt es uns verblöden.

Um Städte komplett umzuwandeln, müssen auch wir uns verändern.

Expert:innen sprechen heute von der Wichtigkeit, den MENSCHEN WIEDERZUVERWILDERN, unser Leben GEFÄHRLICHER ZU MACHEN, um uns mental und körperlich fit zu halten.*

Gefahr bringt uns nachweislich auf BESSERE IDEEN.

Und DAS brachte MICH auf eine Idee.

KÖNNTEN WIR EXTREM-MOUNTAINBIKES ENTWERFEN, UM VON EINEM ZUM ANDEREN URWALD-GEBÄUDE ZU SPRINGEN UND ZU FLIEGEN?

KAPITEL 9 DAS FLUGRAD-PROJEKT

Der Weltrekord im Mountainbike-Springen liegt bei 43 Metern. Doch mit ein wenig Übung und einer sehr steilen Rampe könnte jeder problemlos 10 Meter schaffen – weit genug, um zwischen Dachgärten hin und her zu springen und

WAHRSCHEINLICH ZU ÜBERLEBEN.

ABER es wäre noch VIEL KRASSER, wenn wir FLIEGENDE Räder bauen würden.

Eine Evolutionstheorie des Fliegens besagt, dass die ersten Tiere mit Entstehung der ersten Wälder vor 400 Millionen Jahren geflogen sind. Zunächst lernten Insekten auf Bäume zu klettern. Dann zwischen ihnen hin und her zu springen. Und schließlich entwickelten sich aus Seitenlappen zum Absorbieren von Wärme oder Verbessern der Sprungfähigkeit Flügel.

PROTOFLÜGEL

HOPS

DAS KÖNNTE AUCH BEI FAHRRÄDERN PASSIEREN.

1: Radfahrer springen zwischen Gebäuden.

2: Modifizierte Räder für weitere Sprünge

3: Modifikationen werden flügelartiger.

4: FLUG

SCHWEIZER AUFBLASBARER HÄNGEGLEITER WOOPY-FLY

Es gibt bereits aufblasbare Flügel – perfekt für fliegende Räder. Wir bräuchten nur welche, die sich beim Absprung innerhalb weniger Sekunden aufblasen.

HÖHENMESSER

Und sich beim Landen so schnell zusammenfalten

wie Vogelflügel.

KNIFFLIG, ABER NICHT UNMÖGLICH.

DOCH es gibt noch einen Haken: Hängegleiter-Flügel = einfaches Gleiten zwischen Gebäuden.

Um zielgerichtet zu fliegen, brauchen Flugräder einen Antrieb für den SCHUB.

SCHUB ist die Kraft eines Propellers oder Triebwerks, die fliegende Objekte durch die Luft bewegt. Die Tragflächenform wandelt den Schub in die nach oben gerichtete Kraft namens AUFTRIEB um.

1: Luft strömt oberhalb der Tragfläche schneller als darunter.

SCHNELLERE LUFT

2: Dadurch entsteht ein Bereich mit niedrigem Luftdruck.

Tragfläche

LANGSAMERE LUFT

AUFTRIEB

3: Der höhere Luftdruck unterhalb der Tragfläche drückt oder hebt das Flugzeug nach oben.

SCHUB

AUFTRIEB

Flugräder mit Propellern EXISTIEREN. Doch für genug Auftrieb benötigen sie 30 m breite Flügel, denn der Schub, den wir mit unseren mickrigen Beinen aufbringen können, ist minimal.

DAS IN DEN USA ENTWORFENE, PEDALBETRIEBENE FLUGZEUG GOSSAMER ALBATROSS ÜBERFLOG 1979 DEN ÄRMELKANAL.

Und so große Flügel wären in der Stadt WIRKLICH nervig.

OH … AH

Oder man baut Räder mit schlagenden Flügeln – also Rad-Ornithopter – und nutzt diese zum Erzeugen von Schub UND Auftrieb.

Vögel sind für ihr Gewicht aber sehr viel stärker als wir. Wir müssten viel leichter und genauso stark sein, um durch Flügelschlagen zu fliegen. Was NICHT UNMÖGLICH ist. Nur etwas UNSCHÖN.

MECHANISCHE MUSKELN

NUR EIN KÜNSTLICH AM LEBEN GEHALTENER KOPF**

FEDERKRAFT

AUFTRIEB

SCHUB

AUFTRIEB

1: Mit den Beinen Federkraft erzeugen.

STÄNDER

2: Abnehmbare Fake-Menschenfleisch-Beine kompostieren.

3: FLIEGEN

4: Bei Ankunft neue Beine biodrucken.

KLICK

ZUM GLÜCK bin ich beim Plaudern mit einem Freund auf eine andere Energiequelle gekommen.

Was ist mit der THERMIK heißer Gebäude?

SHANE

THERMIK ist aufsteigende warme Luft, die Vögel und Hängegleiter nutzen, um für Stunden mühelos aufzusteigen und umherzugleiten.

Durch sie könnten wir BEINAHE UNBEGRENZT FREI FLIEGEN.

* ICH SPRECHE VON WOHLHABENDEN LÄNDERN, IN DENEN WIR ZIEMLICH WEICH SIND. DAS LEBEN IN WENIGER WOHLHABENDEN LÄNDERN IST JEDEN TAG GEFÄHRLICH.

** DAS ZÜCHTEN/3-D-DRUCKEN GANZER KÖRPER LIEGT NOCH IN WEITER FERNE.

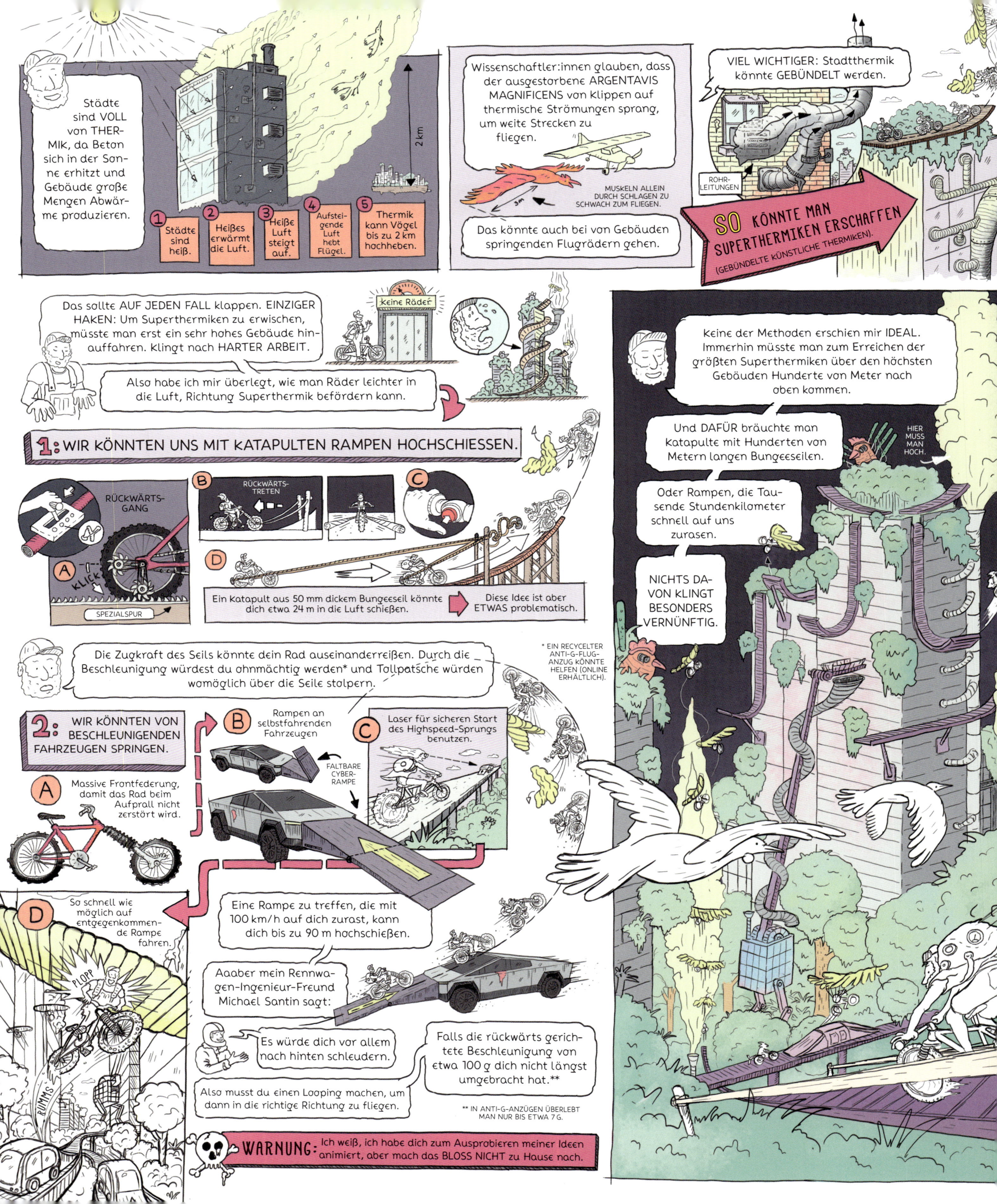
Städte sind VOLL von THERMIK, da Beton sich in der Sonne erhitzt und Gebäude große Mengen Abwärme produzieren.
2 km
1 Städte sind heiß.
2 Heißes erwärmt die Luft.
3 Heiße Luft steigt auf.
4 Aufsteigende Luft hebt Flügel.
5 Thermik kann Vögel bis zu 2 km hochheben.
Wissenschaftler:innen glauben, dass der ausgestorbene ARGENTAVIS MAGNIFICENS von Klippen auf thermische Strömungen sprang, um weite Strecken zu fliegen.
MUSKELN ALLEIN DURCH SCHLAGEN ZU SCHWACH ZUM FLIEGEN.
3 m
Das könnte auch bei von Gebäuden springenden Flugrädern gehen.
VIEL WICHTIGER: Stadtthermik könnte GEBÜNDELT werden.
ROHRLEITUNGEN
SO KÖNNTE MAN SUPERTHERMIKEN ERSCHAFFEN
(GEBÜNDELTE KÜNSTLICHE THERMIKEN).
Das sollte AUF JEDEN FALL klappen. EINZIGER HAKEN: Um Superthermiken zu erwischen, müsste man erst ein sehr hohes Gebäude hinauffahren. Klingt nach HARTER ARBEIT.
Keine Räder
Also habe ich mir überlegt, wie man Räder leichter in die Luft, Richtung Superthermik befördern kann.
1: WIR KÖNNTEN UNS MIT KATAPULTEN RAMPEN HOCHSCHIESSEN.
RÜCKWÄRTSGANG
A
KLICK
SPEZIALSPUR
B
RÜCKWÄRTSTRETEN
C
D
Ein Katapult aus 50 mm dickem Bungeeseil könnte dich etwa 24 m in die Luft schießen.
Diese Idee ist aber ETWAS problematisch.
Die Zugkraft des Seils könnte dein Rad auseinanderreißen. Durch die Beschleunigung würdest du ohnmächtig werden* und Tollpatsche würden womöglich über die Seile stolpern.
* EIN RECYCELTER ANTI-G-FLUGANZUG KÖNNTE HELFEN (ONLINE ERHÄLTLICH).
2: WIR KÖNNTEN VON BESCHLEUNIGENDEN FAHRZEUGEN SPRINGEN.
A
Massive Frontfederung, damit das Rad beim Aufprall nicht zerstört wird.
B
Rampen an selbstfahrenden Fahrzeugen
FALTBARE CYBERRAMPE
C
Laser für sicheren Start des Highspeed-Sprungs benutzen.
D
So schnell wie möglich auf entgegenkommende Rampe fahren.
PLOPP
RUMMS
Eine Rampe zu treffen, die mit 100 km/h auf dich zurast, kann dich bis zu 90 m hochschießen.
Aaaber mein Rennwagen-Ingenieur-Freund Michael Santin sagt:
Es würde dich vor allem nach hinten schleudern.
Also musst du einen Looping machen, um dann in die richtige Richtung zu fliegen.
Falls die rückwärts gerichtete Beschleunigung von etwa 100 g dich nicht längst umgebracht hat.**
** IN ANTI-G-ANZÜGEN ÜBERLEBT MAN NUR BIS ETWA 7 G.
WARNUNG: Ich weiß, ich habe dich zum Ausprobieren meiner Ideen animiert, aber mach das BLOSS NICHT zu Hause nach.
Keine der Methoden erschien mir IDEAL. Immerhin müsste man zum Erreichen der größten Superthermiken über den höchsten Gebäuden Hunderte von Meter nach oben kommen.
Und DAFÜR bräuchte man Katapulte mit Hunderten von Metern langen Bungeeseilen.
HIER MUSS MAN HOCH.
Oder Rampen, die Tausende Stundenkilometer schnell auf uns zurasen.
NICHTS DAVON KLINGT BESONDERS VERNÜNFTIG.

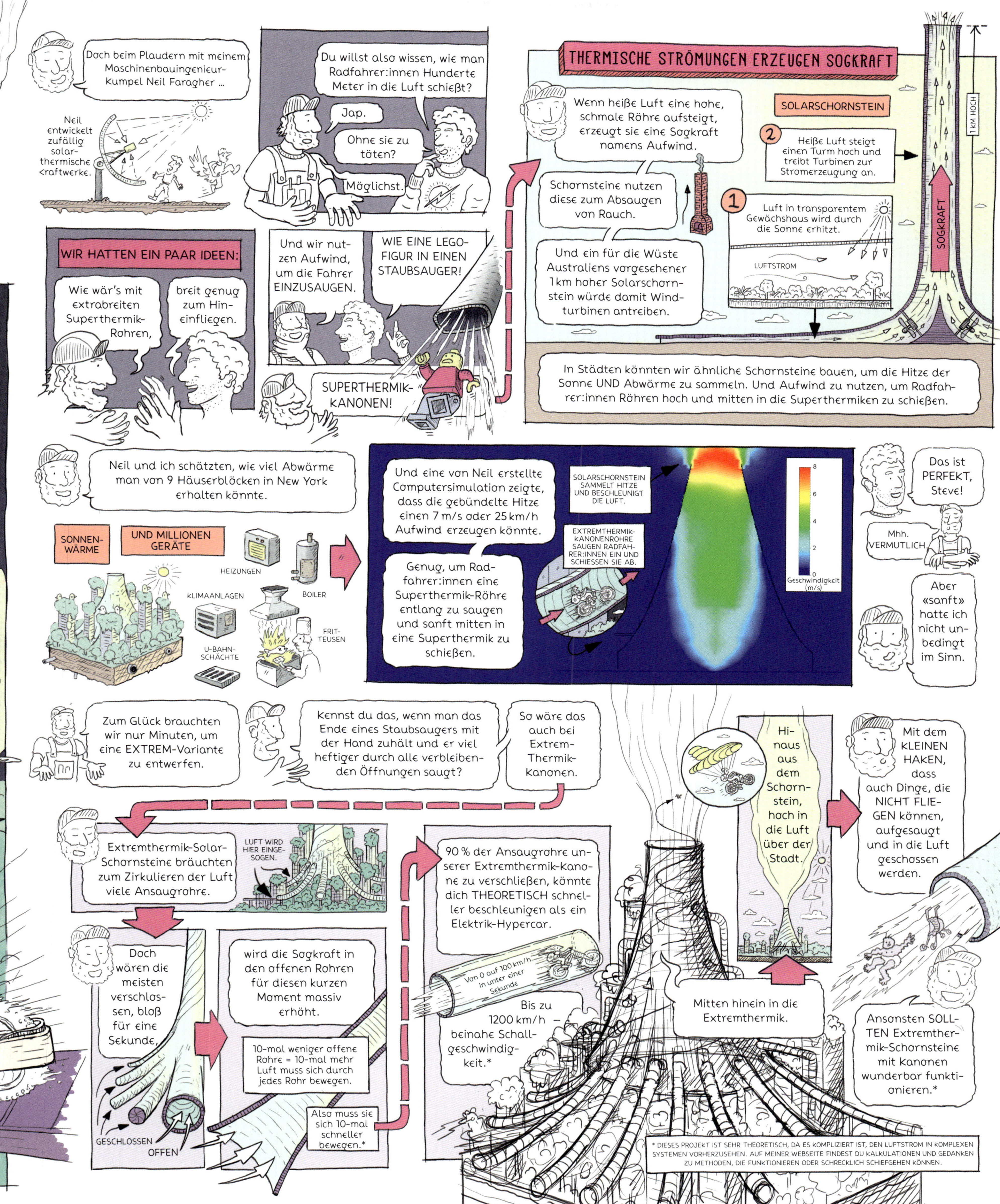

Doch beim Plaudern mit meinem Maschinenbauingenieur-Kumpel Neil Faragher …
Neil entwickelt zufällig solarthermische Kraftwerke.
Du willst also wissen, wie man Radfahrer:innen Hunderte Meter in die Luft schießt?
Jap.
Ohne sie zu töten?
Möglichst.
WIR HATTEN EIN PAAR IDEEN:
Wie wär's mit extrabreiten Superthermik-Rohren,
breit genug zum Hineinfliegen.
Und wir nutzen Aufwind, um die Fahrer EINZUSAUGEN.
WIE EINE LEGOFIGUR IN EINEN STAUBSAUGER!
SUPERTHERMIK-KANONEN!
THERMISCHE STRÖMUNGEN ERZEUGEN SOGKRAFT
Wenn heiße Luft eine hohe, schmale Röhre aufsteigt, erzeugt sie eine Sogkraft namens Aufwind.
Schornsteine nutzen diese zum Absaugen von Rauch.
Und ein für die Wüste Australiens vorgesehener 1 km hoher Solarschornstein würde damit Windturbinen antreiben.
SOLARSCHORNSTEIN
1 Luft in transparentem Gewächshaus wird durch die Sonne erhitzt.
LUFTSTROM
2 Heiße Luft steigt einen Turm hoch und treibt Turbinen zur Stromerzeugung an.
SOGKRAFT
1 KM HOCH
In Städten könnten wir ähnliche Schornsteine bauen, um die Hitze der Sonne UND Abwärme zu sammeln. Und Aufwind zu nutzen, um Radfahrer:innen Röhren hoch und mitten in die Superthermiken zu schießen.
Neil und ich schätzten, wie viel Abwärme man von 9 Häuserblöcken in New York erhalten könnte.
SONNENWÄRME
UND MILLIONEN GERÄTE
HEIZUNGEN
KLIMAANLAGEN
BOILER
U-BAHN-SCHÄCHTE
FRITTEUSEN
Und eine von Neil erstellte Computersimulation zeigte, dass die gebündelte Hitze einen 7 m/s oder 25 km/h Aufwind erzeugen könnte.
Genug, um Radfahrer:innen eine Superthermik-Röhre entlang zu saugen und sanft mitten in eine Superthermik zu schießen.
SOLARSCHORNSTEIN SAMMELT HITZE UND BESCHLEUNIGT DIE LUFT.
EXTREMTHERMIK-KANONENROHRE SAUGEN RADFAHRER:INNEN EIN UND SCHIESSEN SIE AB.
8
6
4
2
0
Geschwindigkeit (m/s)
Das ist PERFEKT, Steve!
Mhh. VERMUTLICH.
Aber «sanft» hatte ich nicht unbedingt im Sinn.
Zum Glück brauchten wir nur Minuten, um eine EXTREM-Variante zu entwerfen.
Kennst du das, wenn man das Ende eines Staubsaugers mit der Hand zuhält und er viel heftiger durch alle verbleibenden Öffnungen saugt?
So wäre das auch bei Extrem-Thermik-Kanonen.
Extremthermik-Solar-Schornsteine bräuchten zum Zirkulieren der Luft viele Ansaugrohre.
LUFT WIRD HIER EINGESOGEN.
Doch wären die meisten verschlossen, bloß für eine Sekunde,
GESCHLOSSEN
OFFEN
wird die Sogkraft in den offenen Rohren für diesen kurzen Moment massiv erhöht.
10-mal weniger offene Rohre = 10-mal mehr Luft muss sich durch jedes Rohr bewegen.
Also muss sie sich 10-mal schneller bewegen.*
90 % der Ansaugrohre unserer Extremthermik-Kanone zu verschließen, könnte dich THEORETISCH schneller beschleunigen als ein Elektrik-Hypercar.
Von 0 auf 100 km/h in unter einer Sekunde
Bis zu 1200 km/h – beinahe Schallgeschwindigkeit.*
Hinaus aus dem Schornstein, hoch in die Luft über der Stadt.
Mitten hinein in die Extremthermik.
Mit dem KLEINEN HAKEN, dass auch Dinge, die NICHT FLIEGEN können, aufgesaugt und in die Luft geschossen werden.
Ansonsten SOLLTEN Extremthermik-Schornsteine mit Kanonen wunderbar funktionieren.*
* DIESES PROJEKT IST SEHR THEORETISCH, DA ES KOMPLIZIERT IST, DEN LUFTSTROM IN KOMPLEXEN SYSTEMEN VORHERZUSEHEN. AUF MEINER WEBSEITE FINDEST DU KALKULATIONEN UND GEDANKEN ZU METHODEN, DIE FUNKTIONIEREN ODER SCHRECKLICH SCHIEFGEHEN KÖNNEN.

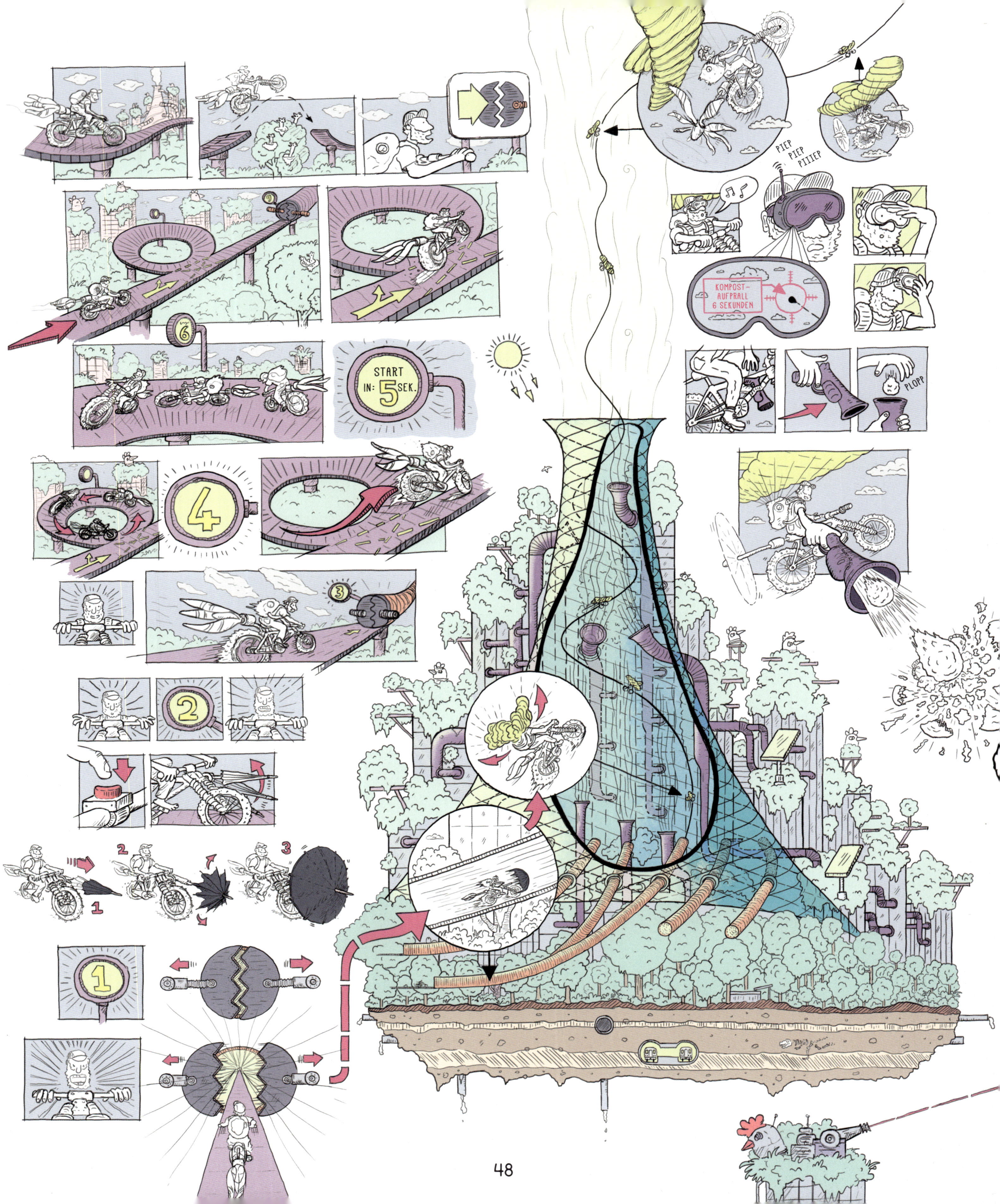

START
IN: 5 SEK.
4
3
2
1
2
3
1
PIEP
PIEP
PIIIEP
KOMPOST-
AUFPRALL
6 SEKUNDEN
PLOPP

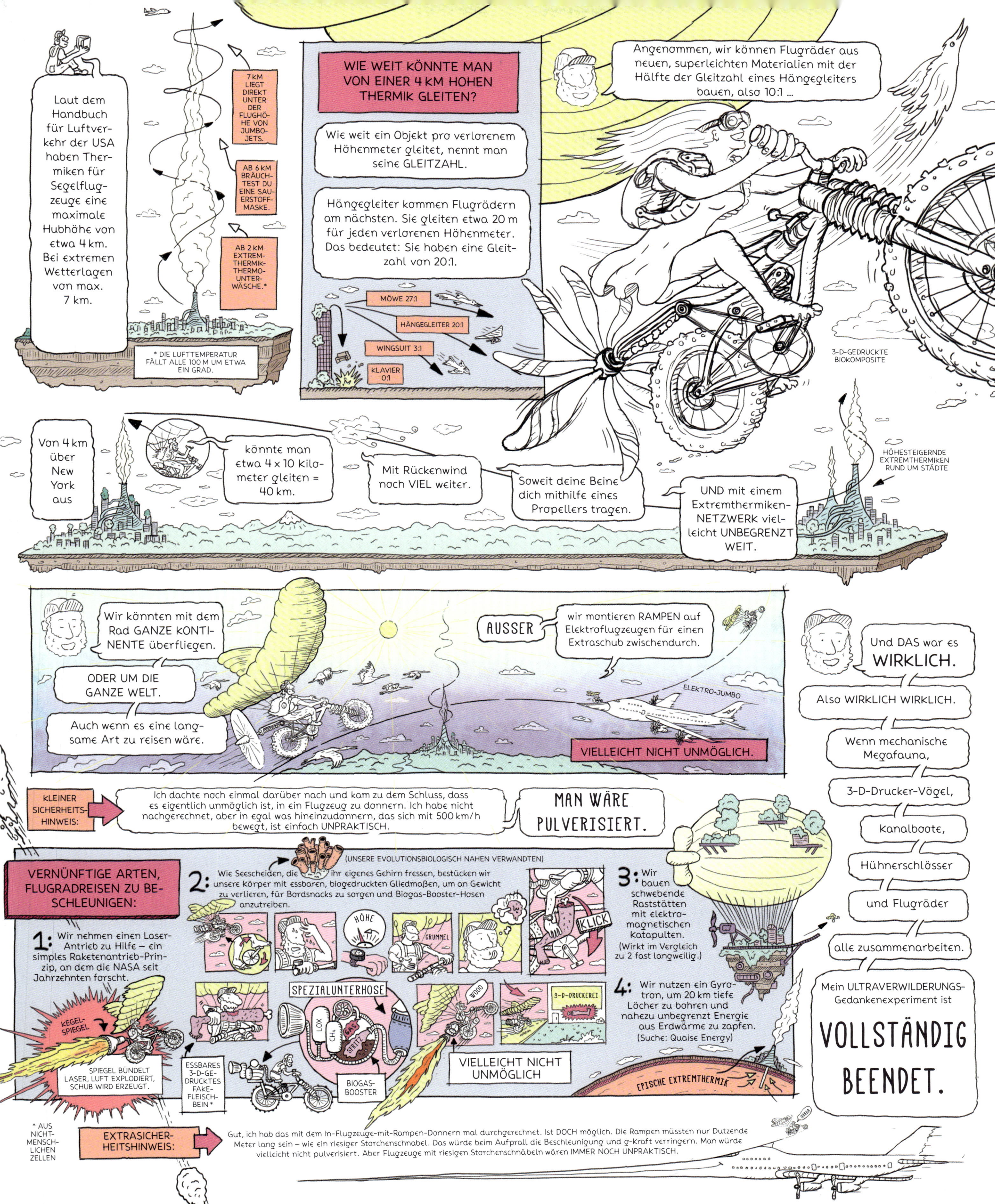

Laut dem Handbuch für Luftverkehr der USA haben Thermiken für Segelflugzeuge eine maximale Hubhöhe von etwa 4 km. Bei extremen Wetterlagen von max. 7 km.
7 KM LIEGT DIREKT UNTER DER FLUGHÖHE VON JUMBOJETS.
AB 6 KM BRÄUCHTEST DU EINE SAUERSTOFFMASKE.
AB 2 KM EXTREMTHERMIKTHERMOUNTERWÄSCHE.*
* DIE LUFTTEMPERATUR FÄLLT ALLE 100 M UM ETWA EIN GRAD.
WIE WEIT KÖNNTE MAN VON EINER 4 KM HOHEN THERMIK GLEITEN?
Wie weit ein Objekt pro verlorenem Höhenmeter gleitet, nennt man seine GLEITZAHL.
Hängegleiter kommen Flugrädern am nächsten. Sie gleiten etwa 20 m für jeden verlorenen Höhenmeter. Das bedeutet: Sie haben eine Gleitzahl von 20:1.
MÖWE 27:1
HÄNGEGLEITER 20:1
WINGSUIT 3:1
KLAVIER 0:1
Angenommen, wir können Flugräder aus neuen, superleichten Materialien mit der Hälfte der Gleitzahl eines Hängegleiters bauen, also 10:1 …
3-D-GEDRUCKTE BIOKOMPOSITE
Von 4 km über New York aus
könnte man etwa 4 x 10 Kilometer gleiten = 40 km.
Mit Rückenwind noch VIEL weiter.
Soweit deine Beine dich mithilfe eines Propellers tragen.
UND mit einem Extremthermiken-NETZWERK vielleicht UNBEGRENZT WEIT.
HÖHESTEIGERNDE EXTREMTHERMIKEN RUND UM STÄDTE
Wir könnten mit dem Rad GANZE KONTINENTE überfliegen.
ODER UM DIE GANZE WELT.
Auch wenn es eine langsame Art zu reisen wäre.
AUSSER
wir montieren RAMPEN auf Elektroflugzeugen für einen Extraschub zwischendurch.
ELEKTRO-JUMBO
VIELLEICHT NICHT UNMÖGLICH.
Und DAS war es WIRKLICH.
Also WIRKLICH WIRKLICH.
Wenn mechanische Megafauna,
3-D-Drucker-Vögel,
Kanalboote,
Hühnerschlösser
und Flugräder
alle zusammenarbeiten.
Mein ULTRAVERWILDERUNGS-Gedankenexperiment ist
VOLLSTÄNDIG BEENDET.
KLEINER SICHERHEITSHINWEIS:
Ich dachte noch einmal darüber nach und kam zu dem Schluss, dass es eigentlich unmöglich ist, in ein Flugzeug zu donnern. Ich habe nicht nachgerechnet, aber in egal was hineinzudonnern, das sich mit 500 km/h bewegt, ist einfach UNPRAKTISCH.
MAN WÄRE PULVERISIERT.
VERNÜNFTIGE ARTEN, FLUGRADREISEN ZU BESCHLEUNIGEN:
1: Wir nehmen einen Laser-Antrieb zu Hilfe – ein simples Raketenantrieb-Prinzip, an dem die NASA seit Jahrzehnten forscht.
KEGELSPIEGEL
SPIEGEL BÜNDELT LASER, LUFT EXPLODIERT, SCHUB WIRD ERZEUGT.
(UNSERE EVOLUTIONSBIOLOGISCH NAHEN VERWANDTEN)
2: Wie Seescheiden, die ihr eigenes Gehirn fressen, bestücken wir unsere Körper mit essbaren, biogedruckten Gliedmaßen, um an Gewicht zu verlieren, für Bordsnacks zu sorgen und Biogas-Booster-Hosen anzutreiben.
HÖHE
GRUMMEL
KLICK
SPEZIALUNTERHOSE
LOX
CH_4
GAS
SPRIT
ESSBARES 3-D-GEDRUCKTES FAKEFLEISCHBEIN*
BIOGAS-BOOSTER
WOOO
3-D-DRUCKEREI
VIELLEICHT NICHT UNMÖGLICH
3: Wir bauen schwebende Raststätten mit elektromagnetischen Katapulten. (Wirkt im Vergleich zu 2 fast langweilig.)
4: Wir nutzen ein Gyrotron, um 20 km tiefe Löcher zu bohren und nahezu unbegrenzt Energie aus Erdwärme zu zapfen. (Suche: Quaise Energy)
EPISCHE EXTREMTHERMIK
* AUS NICHTMENSCHLICHEN ZELLEN
EXTRASICHERHEITSHINWEIS:
Gut, ich hab das mit dem In-Flugzeuge-mit-Rampen-Donnern mal durchgerechnet. Ist DOCH möglich. Die Rampen müssten nur Dutzende Meter lang sein – wie ein riesiger Storchenschnabel. Das würde beim Aufprall die Beschleunigung und g-Kraft verringern. Man würde vielleicht nicht pulverisiert. Aber Flugzeuge mit riesigen Storchenschnäbeln wären IMMER NOCH UNPRAKTISCH.

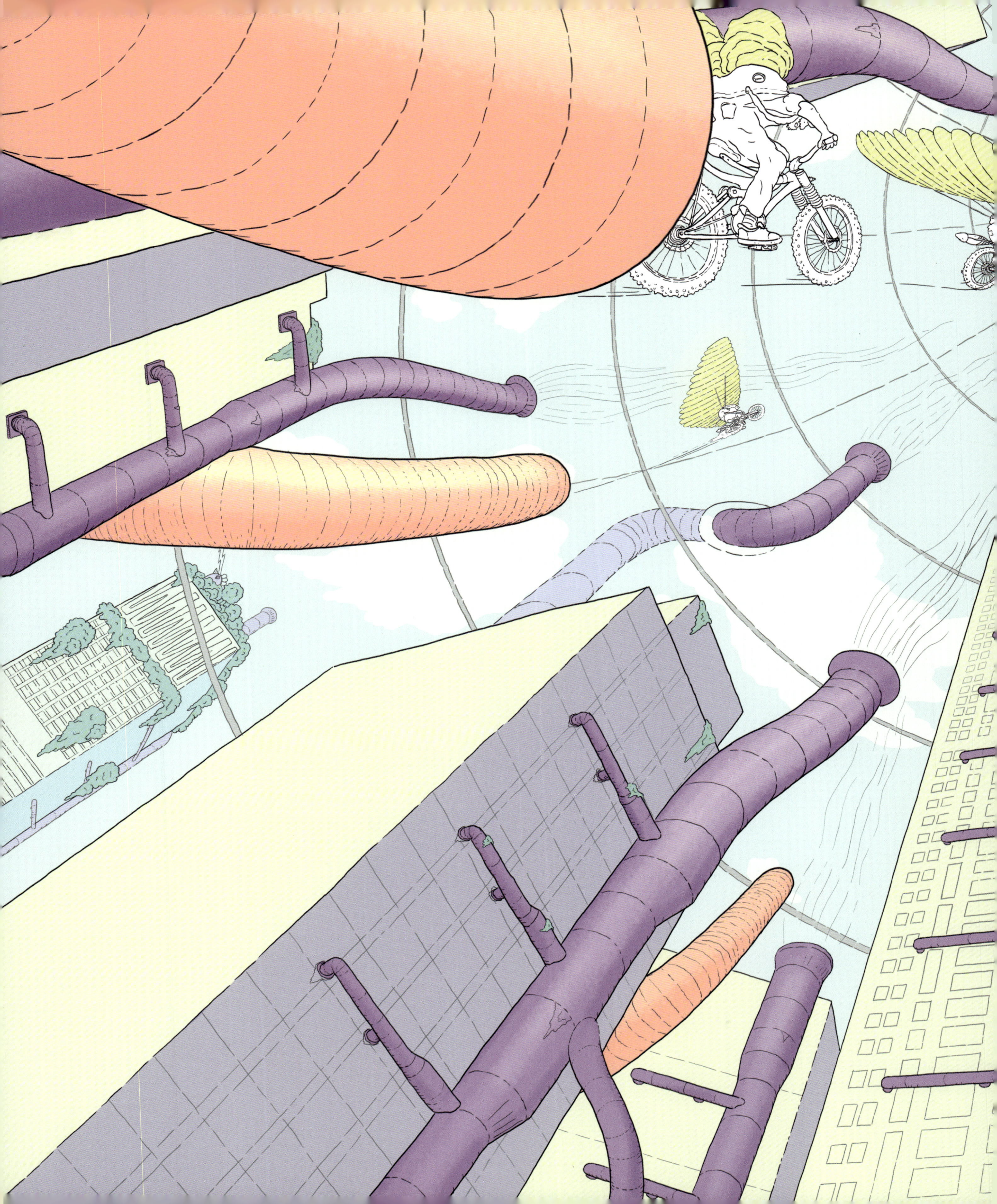

种一棵树
的最佳
时间
是20年前。
第二好的
时间
是现在
PEKING

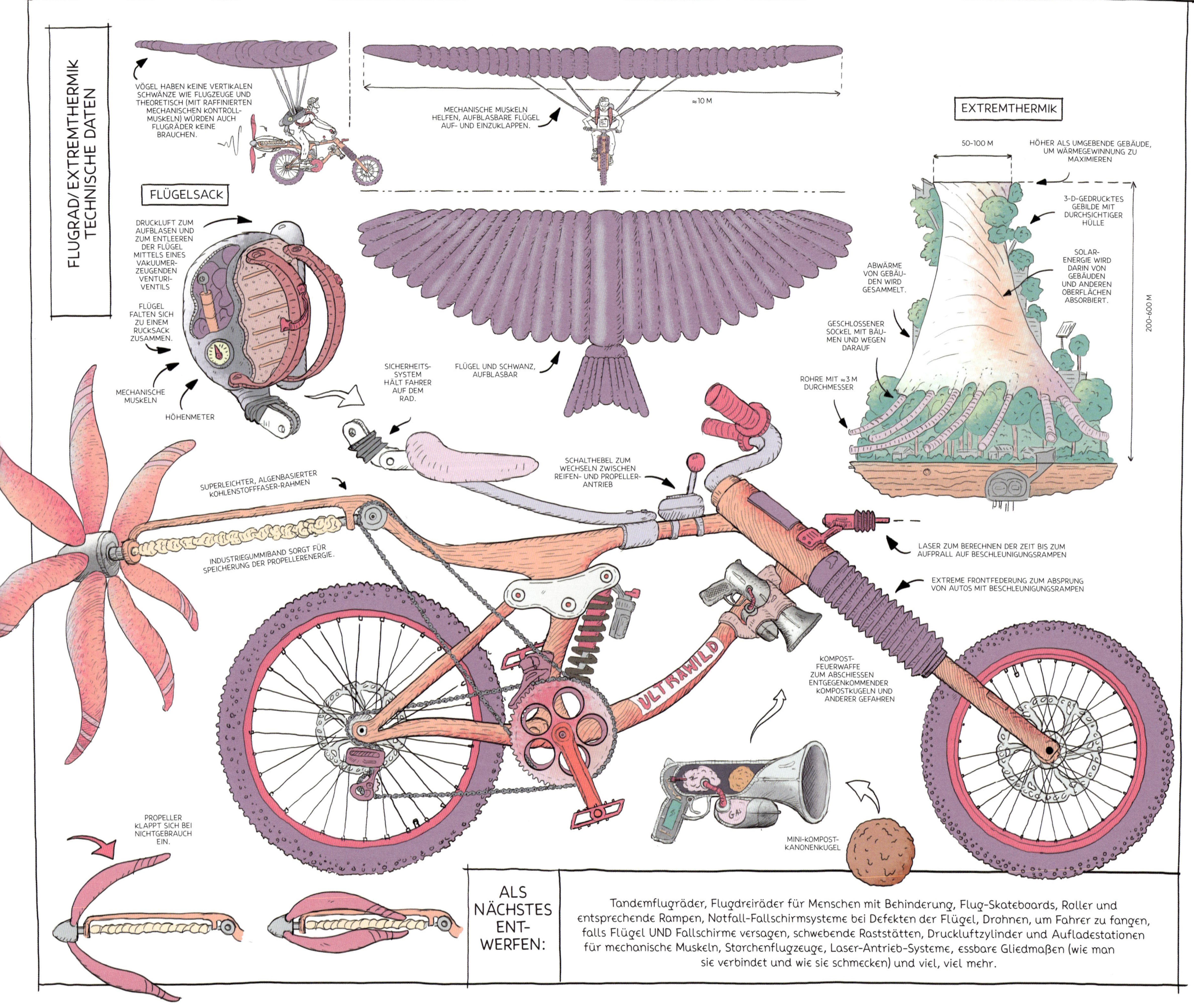

ALS NÄCHSTES ENT-WERFEN:

Tandemflugräder, Flugdreiräder für Menschen mit Behinderung, Flug-Skateboards, Roller und entsprechende Rampen, Notfall-Fallschirmsysteme bei Defekten der Flügel, Drohnen, um Fahrer zu fangen, falls Flügel UND Fallschirme versagen, schwebende Raststätten, Druckluftzylinder und Aufladestationen für mechanische Muskeln, Storchenflugzeuge, Laser-Antrieb-Systeme, essbare Gliedmaßen (wie man sie verbindet und wie sie schmecken) und viel, viel mehr.

«Die Anzahl der Todesfälle, die in Nordamerika im 21. Jahrhundert nachweislich von Wölfen verursacht wurden, liegt bei weniger als 1, genauer bei 0,08 jährlich. (…)
Im letzten Jahrhundert hat das Verschlucken von Zahnstochern den Tod von etwa 170 Amerikaner:innen jährlich verursacht.
Obwohl 60 000 Wölfe in Nordamerika leben, ist das Risiko, von einem von ihnen getötet zu werden, so gut wie nicht existent.»

GEORGE MONBIOT, Schriftsteller, Aktivist und Autor

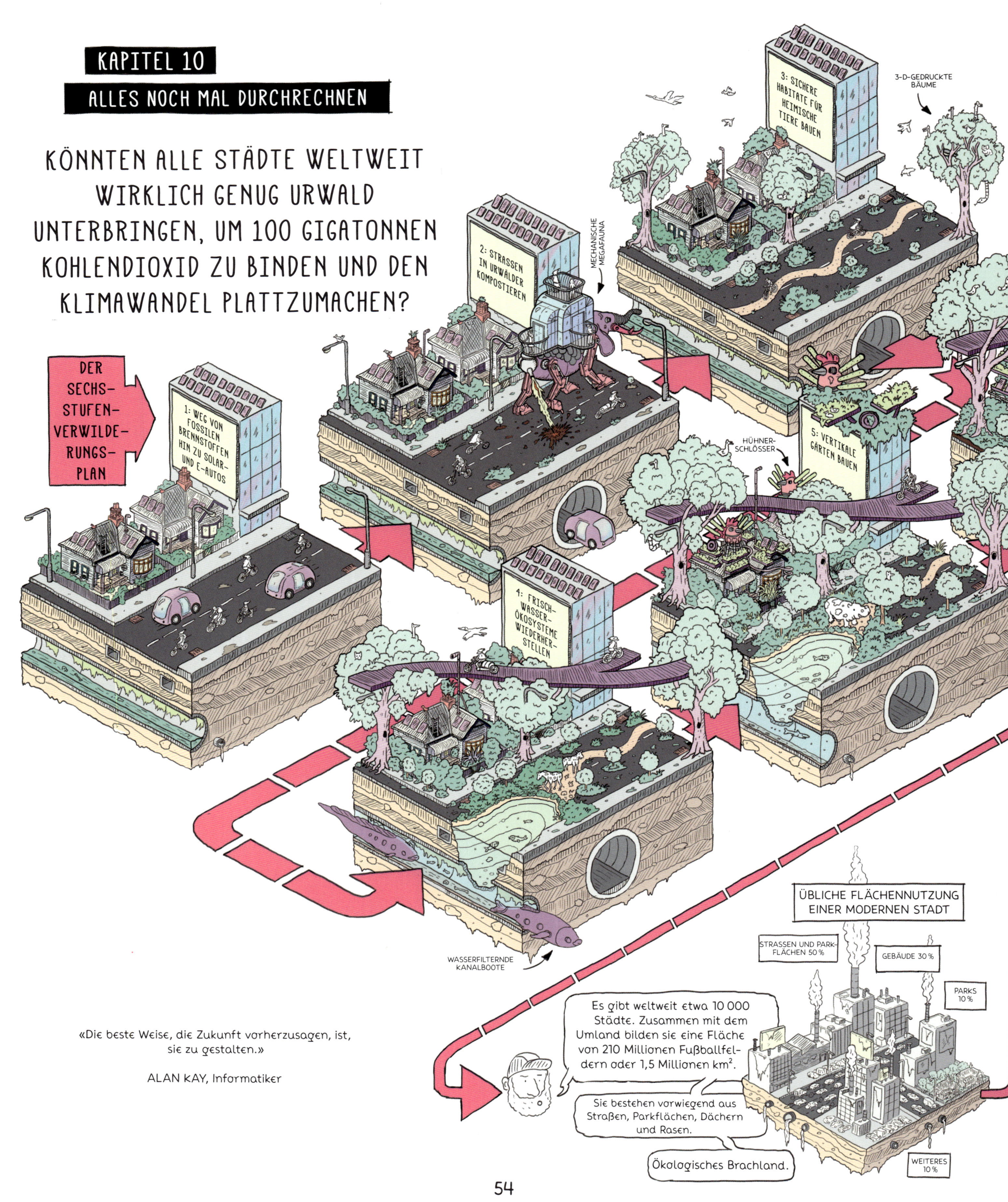
KAPITEL 10
ALLES NOCH MAL DURCHRECHNEN
KÖNNTEN ALLE STÄDTE WELTWEIT WIRKLICH GENUG URWALD UNTERBRINGEN, UM 100 GIGATONNEN KOHLENDIOXID ZU BINDEN UND DEN KLIMAWANDEL PLATTZUMACHEN?
DER SECHS-STUFEN-VERWILDE-RUNGS-PLAN
1: WEG VON FOSSILEN BRENNSTOFFEN HIN ZU SOLAR- UND E-AUTOS
2: STRASSEN IN URWÄLDER KOMPOSTIEREN
MECHANISCHE MEGAFAUNA
3: SICHERE HABITATE FÜR HEIMISCHE TIERE BAUEN
3-D-GEDRUCKTE BÄUME
HÜHNER-SCHLÖSSER
5: VERTIKALE GÄRTEN BAUEN
4: FRISCH-WASSER-ÖKOSYSTEME WIEDERHER-STELLEN
WASSERFILTERNDE KANALBOOTE
ÜBLICHE FLÄCHENNUTZUNG EINER MODERNEN STADT
STRASSEN UND PARK-FLÄCHEN 50 %
GEBÄUDE 30 %
PARKS 10 %
WEITERES 10 %
Es gibt weltweit etwa 10 000 Städte. Zusammen mit dem Umland bilden sie eine Fläche von 210 Millionen Fußballfeldern oder 1,5 Millionen km².
Sie bestehen vorwiegend aus Straßen, Parkflächen, Dächern und Rasen.
Ökologisches Brachland.
«Die beste Weise, die Zukunft vorherzusagen, ist, sie zu gestalten.»
ALAN KAY, Informatiker

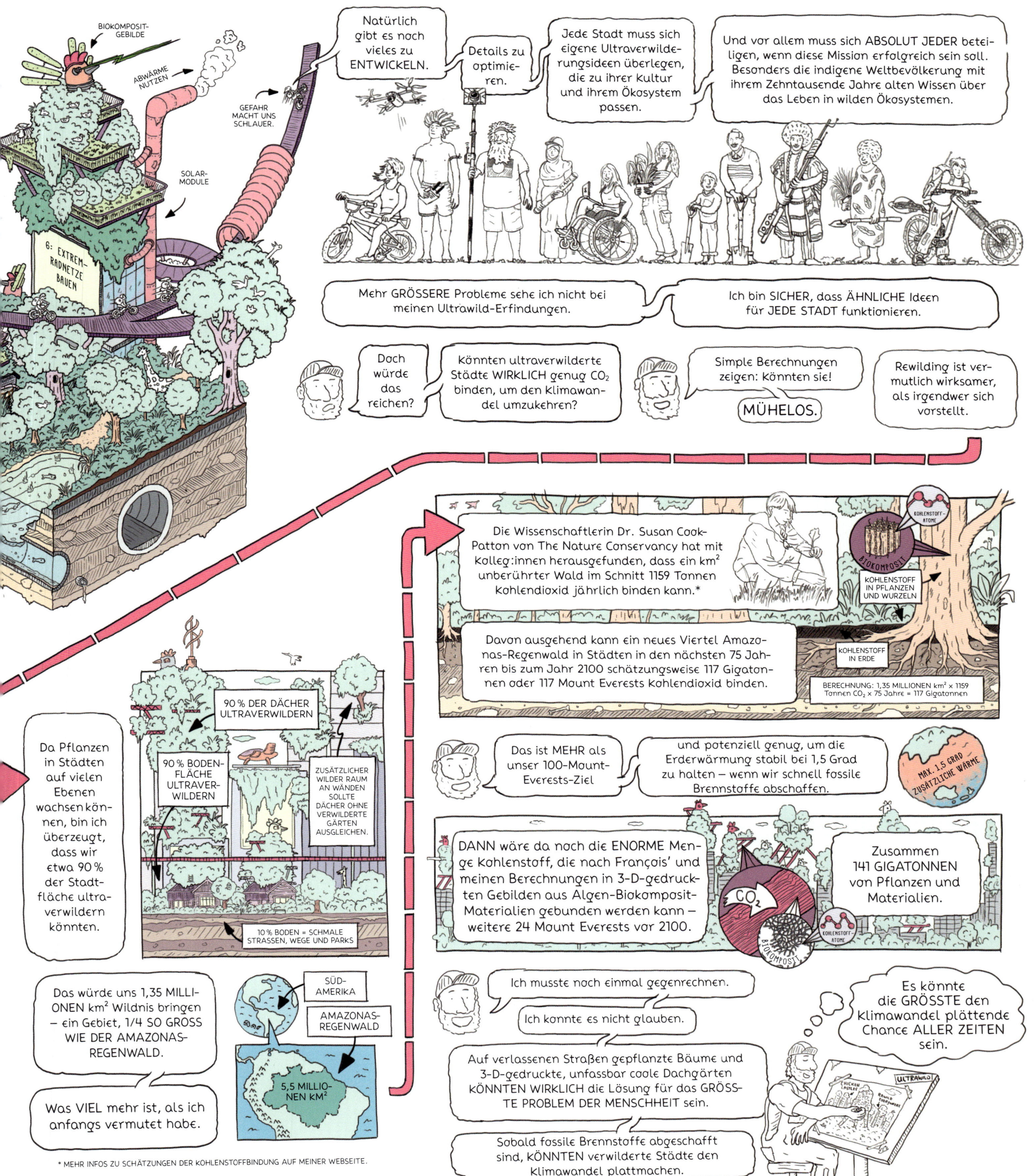

* MEHR INFOS ZU SCHÄTZUNGEN DER KOHLENSTOFFBINDUNG AUF MEINER WEBSEITE.

KAPITEL 11

DAS EINZIGE, WINZIGE PROBLEM

Ultraverwilderte Städte wären ... ULTRAWILD!

ABER,

na ja,

da wäre nur ein winziges Problem.

Oder auch ein paar mehr.

Als ich berechnete, was Ultrawilding für das Artensterben und den Klimawandel bedeuten könnte,

stieß ich auf ein paar besorgniserregende Probleme.

Ich dachte darüber nach, sie im Buch nicht anzusprechen.

Ich will keine Spaßbremse sein.

Doch ich denke, wenn du schon so weit gekommen bist, kannst du auch die ganze Wahrheit verkraften.

Und um deine EIGENEN Ideen zu entwickeln, die Welt zu verändern,

musst du die harten Fakten kennen.

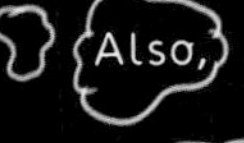

Als mir das klar wurde, war ich völlig geplättet.

Also,

SELBST WENN

jede meiner wahnwitzigen Ideen PERFEKT funktioniert

und wir erfolgreich jede Stadt mit Bäumen bedecken,

vermeiden, von Löwen zerfleischt zu werden,

von laufenden Klos zertrampelt

oder von Robotervogel-Herrschern unterjocht,

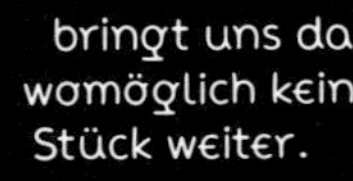

bringt uns das womöglich kein Stück weiter.

Und ich fürchte, da ist noch mehr.

Beim Berechnen, wie viele ultraverwilderte Städte zur totalen Wildnis beitragen könnten,

fand ich heraus, wie schnell wir die bereits existierende Wildnis zerstören.

Über 10 000 Fußballfelder der URSPRÜNGLICHEN REGENWALDS werden zerstört

und über 200 Arten ausgerottet – täglich.

Seit Beginn der Zivilisation haben Menschen über 50 % aller Wildpflanzen* zerstört.

Neueste Studien zeigen, dass der Mensch 83 % aller Wildsäugetiere ausgerottet hat.*

1/3 aller Bäume sind gefährdet.

Durch Brände und Bergbau könnte das Ökosystem des Amazonas-Regenwalds in nur 30 Jahren zusammenbrechen.

Die Ozeane könnten bis 2030 leer gefischt sein.

Und ES WURDE NOCH SCHLIMMER.

Der Großteil der Wälder wird für die größten Treibhausgasproduzenten der Welt gerodet: RINDER.

RINDER – OFT AUCH KÜHE GENANNT

Rinder (aber auch Schweine, Schafe und andere Nutztiere) furzen und rülpsen große Mengen Methan – das Treibhausgas, das viel stärker zur Erderwärmung beiträgt als Kohlendioxid.

Diese unschuldigen Wesen sind so atemberaubend gashaltig,

dass sie gemeinsam mehr Planeten kochendes Treibhausgas produzieren als alle Autos, Motorräder, Lkw, Schiffe, Helikopter, Jets und Rasenmäher der Welt zusammen.

GAS

Wenn das nur das Schlimmste wäre.

GAS

Jede Stadt weltweit ultrawild zu machen, WÜRDE riesige BIODIVERSITÄTS-SCHUTZGEBIETE schaffen.

Und es würde eine irre Menge Kohlendioxid aus der Atmosphäre entfernen.

Ultrawilding KÖNNTE THEORETISCH die 100 Mount Everests CO_2 binden, die nötig sind, um die Erderwärmung auf unter 1,5 Grad zu bringen, wenn wir schnell fossile Brennstoffe abschaffen.

Hier ist der Haken.

In den 7 Jahren, in denen ich meine Ultrawild-Erfindungen entworfen habe, ist der Verbrauch fossiler Brennstoffe nicht zurückgegangen.

Er hat sich erhöht.

So, wie die Dinge jetzt laufen,

müssten wir viel mehr als 100 Mount Everests binden, um die Erderwärmung unter 1,5 Grad zu halten.

WOMÖGLICH 1000 Mount EVERESTS.

Oder mehr.

ALSO bräuchten wir weit mehr Wildnis, um Kohlendioxid zu binden.

Womöglich 2 neue Amazonas-Gebiete.

Womöglich mehr.

UNMÖGLICH.

Landwirtschaft verwandelt ursprüngliche Waldökosysteme mit Tausenden von Tier- und Pflanzenarten

in wenige Agrarökosysteme, die nichts sind als

biologische Wüsten.

Mir wurde klar: Wir zerstören wilde Ökosysteme viel schneller, als wir Städte ultraverwildern können.

So schnell, dass wir heute etwas erleben, das Biolog:innen «das sechste Massenaussterben» nennen.

Das letzte Mal standen die Dinge beim fünften Massenaussterben so schlecht, als vor 65 Millionen Jahren ein riesiger Asteroid auf der Erde einschlug und Dinosaurier sowie 50 % aller anderen Tier- und Pflanzenarten auslöschte.

Doch Biolog:innen warnen, dieses Mal könnte es schlimmer sein. Sie sagen, dass Klimawandel und Lebensraumzerstörung letztendlich 75 % aller Arten ausrotten.

Sie mahnen, alle verbleibenden Wildgebiete zu schützen, um die Biosphäre zu stabilisieren.

Laut Edward Oswald Wilson von der Harvard University müssen wir

mindestens die Hälfte der Landfläche der Erde bewahren, um das Überleben der globalen Ökosysteme sicherzustellen.

Aber laut einigen Messungen haben wir bereits WEIT MEHR als die Hälfte der weltweiten Wildnis zerstört.

Und es scheint nicht, als würden wir damit bald aufhören.

Es gibt heute auf der Erde 10-mal mehr Nutztiere als alle Wildsäugetiere und Vögel zusammen.**

Kühe, Schweine und Hühner übernehmen WIRKLICH die Weltherrschaft.

Ich wünschte, das wäre ein Witz.

Ist es nicht.

Die Schätzungen, was das für den Planeten heißt ... sind nicht gut.

Fleischlastige Ernährung erfordert etwa 4-mal mehr Land als vegane Ernährung.

Und da immer mehr Menschen immer mehr Fleisch essen, wird immer mehr Weideland benötigt.

Wenn jeder so viel Fleisch essen würde wie Menschen in Australien oder Neuseeland und alle Fleisch liefernden Tiere auf Weiden gehalten würden, bräuchte man fast einen Extra-Planeten.

Und noch mehr Planeten, um die Abgase zu binden.

Kritiker:innen, die sagen, dass Verwildern wohl NICHT IN AUSREICHENDEM MASS stattfinden kann, haben wahrscheinlich recht.

Ändert sich nichts,

können wir unmöglich genug Fläche verwildern, um den Klimawandel umzukehren

oder Eisbären zu retten oder Adeliepinguine, Zwergbeutelmarder, Nordkaper, Klammeraffen, den Gletscherhahnenfuß oder eine andere der eine Million Arten, die wegen des Klimawandels und Lebensraumverlusts stark gefährdet sind.

Nicht ANNÄHERND.

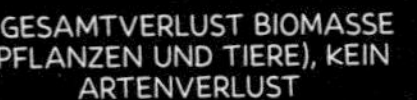

* GESAMTVERLUST BIOMASSE (PFLANZEN UND TIERE), KEIN ARTENVERLUST

** NACH GEWICHT

Bramble-Cay-Mosaikschwanzratte – erstes infolge des Meeresspiegelanstiegs ausgestorbenes Säugetier
Weißer Lemuren-Ringbeutler – nur eine Handvoll übrig
Zwergbeutelmarder – vertrieben von der Landwirtschaft, gegessen von Katzen, vergiftet von Aga-Kröten
Indisch-australischer Perlmuttfalter – wahrscheinlich in wenigen Jahren verschwunden
Pupurangi-Schnecke – nur wenige Tausend übrig
Gletscherhahnenfuß – ohne Gletscher verschwindend
Koala – gefressen von Hunden, überfahren von Autos und verbrannt in Buschfeuern
Ringelrobbe – ohne Eisdecke als Lebensraum erledigt
Takahē – verschwindet zusammen mit den Hochgebirgspflanzen, die er frisst
Lederschildkröte – gefangen in Netzen, Eier gestohlen, Lebensraum Strand zerstört
Hamilton-Frosch – von Katzen zerfetzt
Riesenlobelie – ohne kühle Bergtemperaturen erledigt
Adeliepinguin – ohne Eis todgeweiht
Chinesischer Riesensalamander – von Luftverschmutzung vergiftet, zu Medizin verarbeitet
Eisbär – heute überwiegend beim Müllfressen beobachtet

«Ich glaube, wenn die Menschen in der ersten Hälfte dieses Jahrhunderts weitermachen wie bisher, wird der Zusammenbruch der Zivilisation aufgrund des Klimawandels unvermeidlich sein.»

PROF. TIM FLANNERY, Säugetierexperte, Paläontologe, Forscher und Autor

Als mir das AUSMASS der Umweltzerstörung klar wurde, was der Mensch dem Planeten angetan hat und noch immer antut,

und die enorme benötigte Fläche, um Kohlenstoff zu binden

UND wachsende Städte zu versorgen,

war ich TOTAL PLATT.

1188 M HOHER VERTIKALER FARMTURM, GEDRUCKT MIT ALGEN-BIOKOMPOSIT

In einem kurzen Moment der Hoffnung berechnete ich, wie man – in einer Art extremem 3-D-Hühnerschlösser-Szenario – NAHRUNG UND RESSOURCEN FÜR ALLE* IN DEN STÄDTEN ANBAUEN KÖNNTE.

1 VERTIKALE FARMTÜRME 3-D-DRUCKEN

Und all unsere Probleme durch das Befreien des weltweiten Agrarlandes und das Verwildern DES GESAMTEN PLANETEN zu lösen.

2 WELTWEITE AGRARFLÄCHEN VERWILDERN

Doch dafür wäre so viel Anbaufläche nötig, dass auf allen 2 Milliarden Gebäuden kilometerhohe Farmtürme entstehen müssten.

ABSOLUT UNMÖGLICH!

Also hörte ich auf, absurde Ideen zu zeichnen.

Alles schien so sinnlos.

Ich ließ mich monatelang treiben

und las eine Schlagzeile nach der anderen

über Hochwasser, Ausrottung und riesige neue Kohleminen.

Ende 2019 verursachten extreme Hitzewellen monatelange Brände rund um Sydney

und hüllten meinen Melbourner Vorort – 1000 km entfernt – in dichten Rauch.

5,3 Millionen Hektar Wald wurden zerstört.

Über eine Milliarde heimischer Tiere getötet.

Einige Monate später traf uns die Covid-19-Pandemie.

Eine wissenschaftliche Untersuchung legt nahe, dass sich das Virus aufgrund der Zerstörung der Ökosysteme auf den Menschen übertragen hat.

Diese Ausbrüche sind Manifestationen unserer gefährlich instabilen Beziehung zur Natur.**

Monate ohne aberwitzige Zeichnungen vergingen.

Ich vergrub mich in anderen Entwurfsprojekten.

druckte ich mir die Artikel aus und hängte sie an die Wand.

Doch die Ultrawild-Idee ließ mich nicht los.

Und als mein Handy weiter von Nachrichten über bahnbrechende Energietechnologien und ambitionierte Verwilderungsprojekte geflutet wurde,

Viele der Verwilderungsprojekte waren bloße Entwürfe. Aber manche schienen Hand und Fuß zu haben. Und es wurden immer mehr.

Vielleicht war das auch nur mein Algorithmus, der wusste, was ich lesen wollte.

* ICH SPRECHE VON DER GESAMTEN INDUSTRIELLEN LANDWIRTSCHAFT – BAUERNHÖFE, GRUNDNAHRUNGSMITTEL, GEMÜSE UND AUCH BAUMSCHULEN UND PFLANZEN FÜR BAUSTOFFE UND BIOBRENNSTOFFE.

** AUS EINEM ARTIKEL VON ELIZABETH MARUMA MREMA, EXEKUTIVSEKRETÄRIN DER UN-BIODIVERSITÄTSKONVENTION, MARIA NEIRA, DIREKTORIN FÜR ÖFFENTLICHE GESUNDHEIT UND UMWELT DER WHO, UND MARCO LAMBERTINI, GENRALDIREKTOR VON WWF INTERNATIONAL.

KAPITEL 12 ES GEHT VORAN

Rewilding-Institute, Wildlands Network und andere arbeiten an Wildnisgebieten und Wanderkorridoren für heimische Wildtiere, sogenannte MEGA-LINKAGES zum

WIEDER-VERWILDERN NORDAMERIKAS

ARKTISCH/NÖRDLICH
WESTLICH (ENTLANG DER ZENTRALEN GEBIRGSKETTE)
ÖSTLICH

ECUADOR VELEIHT ALS ERSTES LAND WILDTIEREN EIGENE RECHTE

Bolivien, Neuseeland, Mexiko, Uganda, Bangladesch, Indien und andere folgen und verleihen Flüssen, Seen, Bergen, Wäldern und Tieren eigene Rechte.

EUROPA SCHAFFT 15 RENATURIERUNGSGEBIETE AUF 8 MILLIONEN HEKTAR LAND

RECYCELTER PANZER BILDET IN RUSSISCHEM PLEISTOZÄN-PARK MAMMUTS NACH

– bis vielleicht echte Mammuts wiederbelebt werden.

EINE BILLION BÄUME PFLANZEN

Das neue Megaziel der UN, des World Economic Forums, des WWF und Plant-for-the-Planet

5 JAHRE LANG PFLANZT CHINA JÄHRLICH WÄLDER VON DER GRÖSSE BELGIENS

AFRIKAS GROSSE GRÜNE MAUER

NEUER URWALD SOLL SICH ÜBER GESAMTEN KONTINENT ERSTRECKEN.

RIESIGER WALD-GÜRTEL

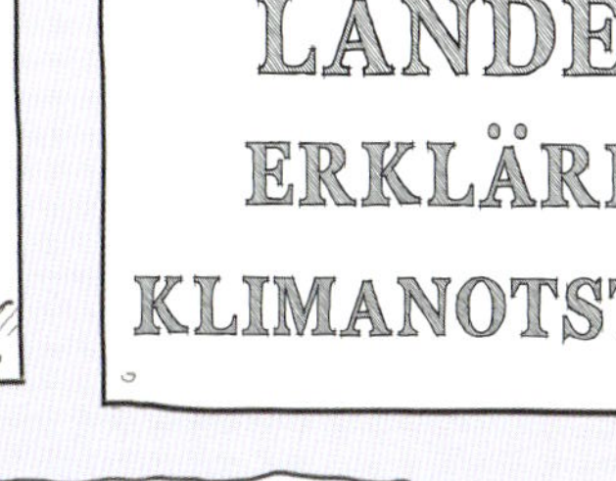

GLOBALER KLIMASTREIK: MILLIONEN PROTESTIEREN

AUSTRALIENS RIESIGER GONDWANA-LINK

INDIGENE VÖLKER DER NOONGAR, NGADJU UND WONDI HELFEN BEI DER UMSETZUNG EINES 1000 KM LANGEN WILDTIERKORRIDORS.

PERTH
ZENTRALE ZONE
WOODLANDS-GEBIET
WALD-GEBIET
ALBANY
100 KM
AUSTRALIEN

ANTEIL AN E-AUTOS STEIGT EXPONENTIELL

NEUE WINDTURBINE WIRD HÖHER ALS EMPIRE STATE BUILDING

400 M HOCH
OBERE TURBINE
UNTERE TURBINE
WORLD WIDE WIND NORWEGEN
PONTON

DUTZENDE LÄNDER ERKLÄREN KLIMANOTSTAND

NEUSEELÄNDISCHER PREMIERMINISTER: «EHRGEIZIGSTES NATURSCHUTZPROJEKT DER WELT»

TAUSENDE WERDEN BÜRGERFORSCHER:INNEN, UM PLAGEN AUSZUROTTEN UND IM HIGHTECH-PROJEKT «PREDATOR FREE 2050» VÖGEL AUSZUWILDERN.

KI-WILD-KAMERA

Die Anzahl der Rewilding-Projekte nahm exorbitant zu.

Auch wenn es verglichen mit der Landfläche des Planeten immer noch sehr wenige waren.

* MANCHE PROJEKTE BEZEICHNEN SICH SELBST ALS «ÖKOSYSTEM-WIEDERHERSTELLUNG», NICHT ALS VERWILDERUNG. ES GIBT FEINE UNTERSCHIEDE ZWISCHEN DEN KONZEPTEN.

Eines Morgens las ich eine großartige Nachricht. Im Rahmen der UN-Dekade zur die Wiederherstellung von Ökosystemen beteiligen sich Dutzende Länder an dem Projekt mit Namen 30x30.

30 % DER WÄLDER

30 % DER GRASFLÄCHEN

30 % DER FEUCHTGEBIETE

30 % DER MEERE

Ein Plan, bis 2030 30 % der Land- und Meeresflächen unter Naturschutz zu stellen.

UND sich zu verpflichten, eine Milliarde Hektar kohlenstoffarmes Land wiederherzustellen – eine Fläche von der Größe Chinas.

RIESIG!

Manche sind sich nicht sicher, ob sich genug freie Fläche findet, um diese Ziele zu erreichen.

Doch WÜRDE man es schaffen, würde uns das eine zusätzliche WILDFLÄCHE von 1,8 Amazonas-Gebieten liefern.

Ich war sprachlos.

Die Dinge nahmen FAHRT AUF.

Kurz darauf las ich über eine von Dr. Jean-François Bastin und Kolleg:innen des Schweizer Forschungsinstituts The Crowther Lab an der ETH in Zürich geleitete Studie.

B

Sie nutzten Satellitenbilder, um die Gesamtmenge verfügbarer Fläche zum Pflanzen von Bäumen zu schätzen.

BAUMBESTAND (%)

100

0

Mit Software berechnen sie, was Städte, Farmen, existierende Wälder sind und was potenzielle Flächen zum Aufforsten.

Sie belegten, dass wir heute 0,9 Milliarden Hektar Land wiederherstellen könnten, ohne dass es Einfluss auf Farmen und die weltweite Nahrungsmittelproduktion hätte.

Ich war vollkommen baff.

Basierend auf Dr. Susan Cook-Pattons Forschung zur Kohlenstoffbindungsfähigkeit von Wäldern, könnten in diesem Jahrhundert 1,6 Amazonas-Gebiete (eben die 0,9 Milliarden Hektar) bis zu 780 Mount Everests Kohlendioxid binden.

WIEDERVERWILDERN WAR WIEDER IM RENNEN.

Wenn wir fossile Brennstoffe schnellstens abschaffen,

wenn wir Rodungen sofort beenden,

wenn wir weniger Fleisch essen,

KÖNNTE die von den Wissenschaftler:innen identifizierte Fläche ausreichen.

Der Planet KÖNNTE durchkommen.

Das waren viele WENNs.

Aber es brachte mich zum Grübeln.

VIELLEICHT ist die Zukunft trotz allem gar nicht SO festgelegt.

Ich grübelte also über 1,6 AMAZONAS-GEBIETE NEUE WILDNIS,

theoretisch mögliche Pläne, Mammuts wiederzubeleben,

Rechte für Tiere, Flüsse, Seen und Berge,

Kontinente umfassende Wanderkorridore für Tiere und andere ambitionierte Ideen, die beim Umgestalten GANZER KONTINENTE helfen könnten.

Ich überlegte, ob ich wegen meines eigenen, auf Autopilot geschalteten Hirns unterschätzte, was die Menschheit erreichen könnte.

Wie viel Planet wir reparieren könnten.

ODER

WIE SCHNELL.

Genau wie es vor 100 Jahren unmöglich war, vorherzusehen, dass Autos Pferde ersetzen würden,

ist es heute unglaublich schwierig, sich vorzustellen, was der Mensch sich alles ausdenkt, um den Planeten zu retten.

Weil wir uns das EXPONENTIELLE Wachstum neuer Ideen nur schwer vorstellen können.

Wir können uns vorstellen, wie eine bestimmte Technologie immer besser wird.

Doch wir können uns die neuen Ideen, die von den jetzt neuen Ideen kommen, nicht vorstellen.

ODER DIE MILLIARDEN IDEEN, DIE AUS DIESEN HERVORGEHEN.

Und dieser Argumentation folgend

kam ich

DARAUF:

FÜR UNS IST VIELLEICHT GENAUSO SCHWER VORSTELLBAR, WIE SCHNELL WIR DEN PLANETEN RETTEN KÖNNEN, WIE UNSERE VORFAHREN SICH NICHT AUSMALEN KONNTEN, WIE SCHNELL DIE MENSCHEN IHN SCHROTTEN WÜRDEN.

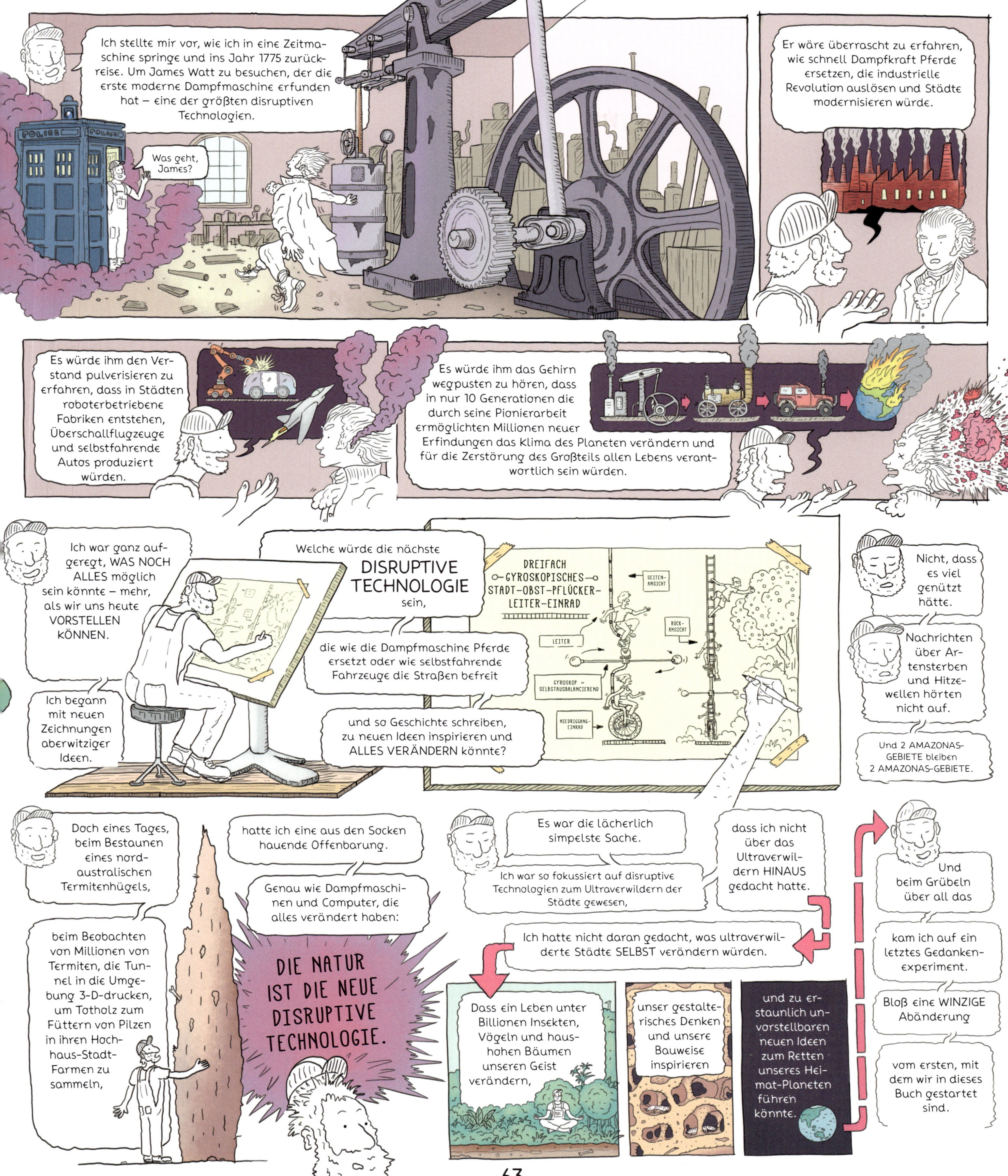

Ich stellte mir vor, wie ich in eine Zeitmaschine springe und ins Jahr 1775 zurückreise. Um James Watt zu besuchen, der die erste moderne Dampfmaschine erfunden hat – eine der größten disruptiven Technologien.
POLICE
Was geht, James?
Er wäre überrascht zu erfahren, wie schnell Dampfkraft Pferde ersetzen, die industrielle Revolution auslösen und Städte modernisieren würde.
Es würde ihm den Verstand pulverisieren zu erfahren, dass in Städten roboterbetriebene Fabriken entstehen, Überschallflugzeuge und selbstfahrende Autos produziert würden.
Es würde ihm das Gehirn wegpusten zu hören, dass in nur 10 Generationen die durch seine Pionierarbeit ermöglichten Millionen neuer Erfindungen das Klima des Planeten verändern und für die Zerstörung des Großteils allen Lebens verantwortlich sein würden.
Ich war ganz aufgeregt, WAS NOCH ALLES möglich sein könnte – mehr, als wir uns heute VORSTELLEN KÖNNEN.
Ich begann mit neuen Zeichnungen aberwitziger Ideen.
Welche würde die nächste DISRUPTIVE TECHNOLOGIE sein,
die wie die Dampfmaschine Pferde ersetzt oder wie selbstfahrende Fahrzeuge die Straßen befreit
und so Geschichte schreiben, zu neuen Ideen inspirieren und ALLES VERÄNDERN könnte?
DREIFACH GYROSKOPISCHES STADT-OBST-PFLÜCKER-LEITER-EINRAD
SEITEN-ANSICHT
RÜCK-ANSICHT
LEITER
GYROSKOP = SELBSTAUSBALANCIEREND
NIEDRIGGANG-EINRAD
Nicht, dass es viel genützt hätte.
Nachrichten über Artensterben und Hitzewellen hörten nicht auf.
Und 2 AMAZONAS-GEBIETE bleiben 2 AMAZONAS-GEBIETE.
Doch eines Tages, beim Bestaunen eines nordaustralischen Termitenhügels,
beim Beobachten von Millionen von Termiten, die Tunnel in die Umgebung 3-D-drucken, um Totholz zum Füttern von Pilzen in ihren Hochhaus-Stadt-Farmen zu sammeln,
hatte ich eine aus den Socken hauende Offenbarung.
Genau wie Dampfmaschinen und Computer, die alles verändert haben:
DIE NATUR IST DIE NEUE DISRUPTIVE TECHNOLOGIE.
Es war die lächerlich simpelste Sache.
Ich war so fokussiert auf disruptive Technologien zum Ultraverwildern der Städte gewesen,
dass ich nicht über das Ultraverwildern HINAUS gedacht hatte.
Ich hatte nicht daran gedacht, was ultraverwilderte Städte SELBST verändern würden.
Dass ein Leben unter Billionen Insekten, Vögeln und haushohen Bäumen unseren Geist verändern,
unser gestalterisches Denken und unsere Bauweise inspirieren
und zu erstaunlich unvorstellbaren neuen Ideen zum Retten unseres Heimat-Planeten führen könnte.
Und beim Grübeln über all das
kam ich auf ein letztes Gedankenexperiment.
Bloß eine WINZIGE Abänderung
vom ersten, mit dem wir in dieses Buch gestartet sind.

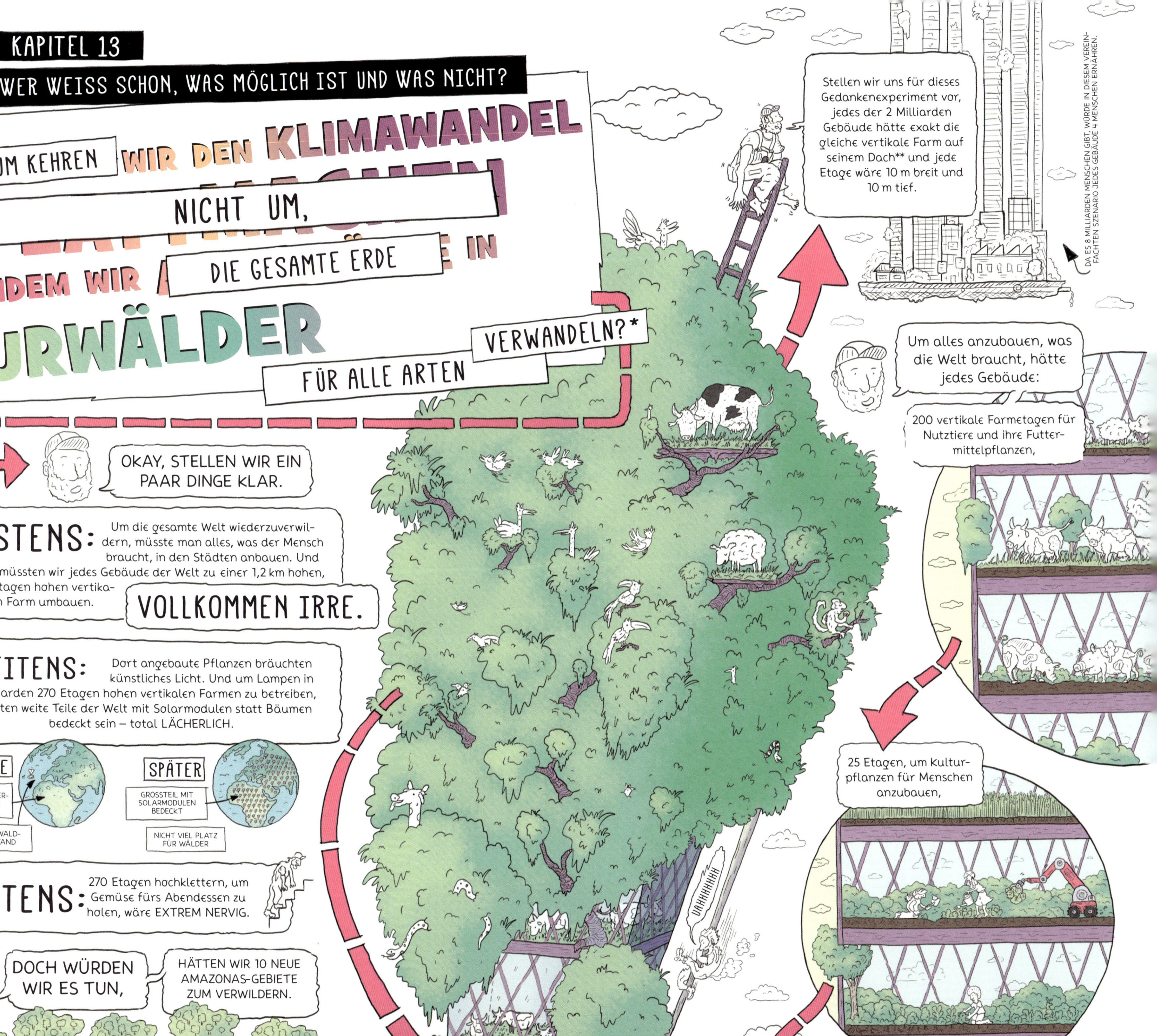

KAPITEL 13
WER WEISS SCHON, WAS MÖGLICH IST UND WAS NICHT?
WARUM KEHREN WIR DEN KLIMAWANDEL NICHT UM,
INDEM WIR DIE GESAMTE ERDE IN URWÄLDER FÜR ALLE ARTEN VERWANDELN?*
OKAY, STELLEN WIR EIN PAAR DINGE KLAR.
ERSTENS: Um die gesamte Welt wiederzuverwildern, müsste man alles, was der Mensch braucht, in den Städten anbauen. Und dazu müssten wir jedes Gebäude der Welt zu einer 1,2 km hohen, 270 Etagen hohen vertikalen Farm umbauen.
VOLLKOMMEN IRRE.
ZWEITENS: Dort angebaute Pflanzen bräuchten künstliches Licht. Und um Lampen in 2 Milliarden 270 Etagen hohen vertikalen Farmen zu betreiben, müssten weite Teile der Welt mit Solarmodulen statt Bäumen bedeckt sein – total LÄCHERLICH.
HEUTE
50 % ACKERFLÄCHE
30 % WALDBESTAND
SPÄTER
GROSSTEIL MIT SOLARMODULEN BEDECKT
NICHT VIEL PLATZ FÜR WÄLDER
DRITTENS: 270 Etagen hochklettern, um Gemüse fürs Abendessen zu holen, wäre EXTREM NERVIG.
DOCH WÜRDEN WIR ES TUN,
HÄTTEN WIR 10 NEUE AMAZONAS-GEBIETE ZUM VERWILDERN.
Stellen wir uns für dieses Gedankenexperiment vor, jedes der 2 Milliarden Gebäude hätte exakt die gleiche vertikale Farm auf seinem Dach** und jede Etage wäre 10 m breit und 10 m tief.
DA ES 8 MILLIARDEN MENSCHEN GIBT, WÜRDE IN DIESEM VEREINFACHTEN SZENARIO JEDES GEBÄUDE 4 MENSCHEN ERNÄHREN.
Um alles anzubauen, was die Welt braucht, hätte jedes Gebäude:
200 vertikale Farmetagen für Nutztiere und ihre Futtermittelpflanzen,
25 Etagen, um Kulturpflanzen für Menschen anzubauen,
UAHHHHHHH

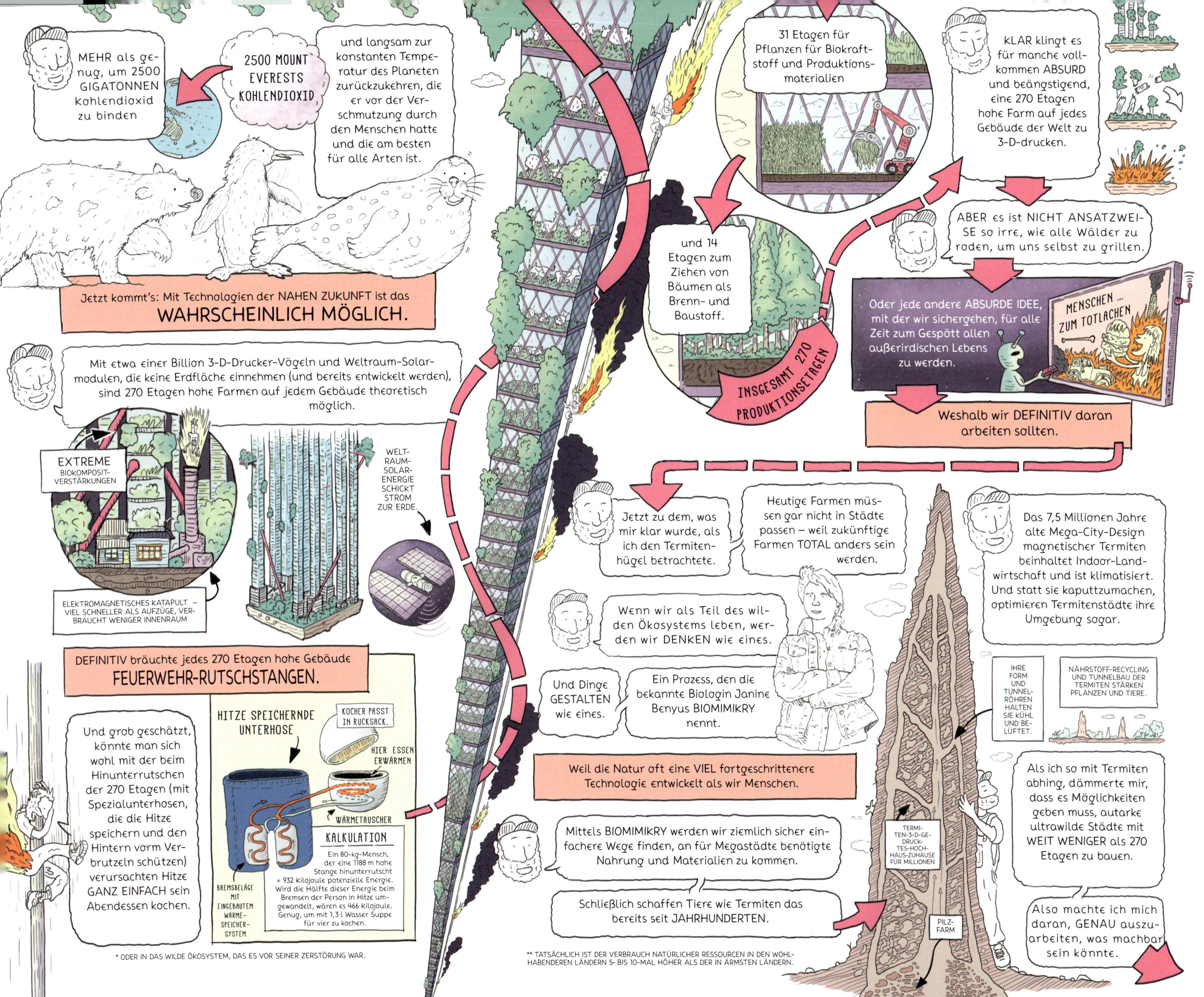

* ODER IN DAS WILDE ÖKOSYSTEM, DAS ES VOR SEINER ZERSTÖRUNG WAR.

** TATSÄCHLICH IST DER VERBRAUCH NATÜRLICHER RESSOURCEN IN DEN WOHLHABENDEREN LÄNDERN 5- BIS 10-MAL HÖHER ALS DER IN ÄRMSTEN LÄNDERN.

INSPIRATION AUS DER NATUR

WIE MAN IN EINEM HAUS MIT WENIGER ALS 270 ETAGEN ÜBERLEBT

1: DENKEN WIE BIENEN UND RECYCELN

Vor etwa 80 Millionen Jahren kamen Bienen darauf, überschüssiges Essen als Honig in ihren 3-D-gedruckten Megastädten (Bienenstöcken) zu lagern. Als würden wir unsere Essensreste in Garagen voll Schokolade verwandeln.

LÄCHERLICH SINNVOLL

Bienen recyceln auch die Silberfäden ihrer Kokons und verbauen sie in ihren Wänden. In etwa, als würden wir aus abrasierten Barthaaren Biokomposit-Bikes bauen.

YEAH

107 ETAGEN WENIGER

2: GESCHÄFTE MACHEN WIE KORALLENRIFFE UND VEGETARISCH LEBEN

Korallen bauen besonders gut Nahrung an. Ihr Geheimnis? Teamarbeit. Sie haben einen 200 Millionen Jahre alten Deal mit Mikroalgen, die symbiotisch in ihren Zellen leben und Abfall in Zucker umwandeln.

KORALLENTIER

AUSSENSKELETT

ZOOXANTHELLEN LEBEN IN EINER SYMBIOTISCHEN BEZIEHUNG IN KORALLENZELLEN. SIE BILDEN MITTELS PHOTOSYNTHESE ZUCKER, DEN SIE GEGEN KORALLENABFALL TAUSCHEN.

Das könnten wir theoretisch auch – der Chilene Tomás Egaña hat bereits photosynthetische Haut im Labor gezüchtet.**

HELLGRÜNER MENSCH STELLT EIGENEN ZUCKER HER – NICHT UNMÖGLICH.

Auch wenn es naheliegendere Möglichkeiten der Zusammenarbeit gäbe.

Warum Hühner einpferchen, wenn wir mit ihnen gemeinsam Gärten optimieren könnten?

Warum Kühe essen, wenn es stattdessen Mammuts, Triceratops oder Einhörner sein könnten?

MAMMUTKEULE

EINHORN-BURGER

FALSCHE NATÜRLICH – biogedrucktes In-vitro-Fleisch oder 3-D-gedruckte Algen.

BULETTEN-3-D-MINIDRUCKER

ALGEN-FLEISCH-STAB

MECHANISCHE MUSKELN

AUSKLAPPBARE BEINE

93 ETAGEN WENIGER

3: KONSTRUIEREN WIE NAPFSCHNECKEN UND AUF HIGHTECH UMSTEIGEN

Die Technik der Natur ist oft ausgefeilter als unsere. Wie bei den Napfschnecken mit Zähnen, 4-mal härter als Stahl.

Oder daumengroße FANGSCHRECKENKREBSE mit Muskeln so stark, dass sie die Fangarme kanonenschnell zuschlagen lassen. Durch die ultraschnelle Bewegung wird das umliegende Wasser kurzzeitig heiß wie die Sonne und Schockwellen entstehen, die Fischschädel zertrümmern können.

BÄM

Und in Sachen Landwirtschaft kann es enorme Vorteile haben, sich ein Vorbild an der Natur zu nehmen.

BRENNSTOFF UND BAUMATERIAL

Solarmodule sind im Prinzip technologische Blätter. Durch sie können wir Energie direkt von der Sonne gewinnen, statt Pflanzen anzubauen, die zum Heizen und als Brennstoff genutzt werden.

Und 3-D-gedruckte Biokomposite sind im Grunde technologisches Holz, das Bauholz ersetzen kann.

Solche Innovationen könnten Baumschulen und den Anbau von Biokraftstoffpflanzen überflüssig machen, die zurzeit weite Flächen des Planeten einnehmen.

NAHRUNG

In Wäldern stärken komplexe Bodenökosysteme voll Mikroben das Pflanzenwachstum.

Um das nachzuahmen, könnte man Terra Preta verwenden, Erde, die Amazonas-Bauern vor 9000 Jahren kultiviert haben. Sie optimiert die mikrobielle Aktivität und hilft, die Produktivität um bis zu 200 % zu steigern.

Teichimitierende Algenfarmen können bis zu 20-mal mehr Protein für In-vitro-Fleisch produzieren als Sojafarmen.

Das einzige, WINZIGE Problem: Viele Leute wollen keine Pflanzen auf ihren hübschen sauberen Dächern, wollen keine Treppen steigen, um an Gemüse zu kommen, ODER für die Zuckerzufuhr HELLGRÜN werden.

Was uns zur ULTIMATIVEN Raumspar-Idee bringt.

4: WIR KÖNNTEN AUCH TANZEN WIE YETI-KRABBEN UND DIE LUFT BEWIRTSCHAFTEN

Die 200 Millionen Jahre alte Yeti-Krabbe hat SEHR HAARIGE Arme. Und unter diesen kultiviert sie unfassbar schnell wachsende und nahrhafte Bakterien, die sie mit ihrer kammartigen Zunge zum Abendbrot verspeist.

Wie ein Mann mit ungewaschenem Bart

LECK LECK

YETI-KRABBE

ARMHAAR-BAKTERIEN

YETI-KRABBEN sinken zum Füttern ihrer Bakterien auf den Meeresboden und tanzen über heißen Quellen, aus denen Schwefelwasserstoffgas aufsteigt. Sie bewegen die Arme darüber, und ihre Haustierbakterien nutzen das Gas, um zu wachsen und sich zu vermehren.

George Monbiot beschreibt in seinem brillanten Buch «Neuland», dass Solar Foods aus Finnland Bakterien u. a. zur Produktion von In-vitro-Fleisch züchtet. Ihre Präzisionsfermentations-Technik benötigt 20 000-mal*** weniger Fläche als herkömmliche Landwirtschaft. Mit ihr könnte man eines Tages auch Biowerkstoffe herstellen.

BIENEN 3-D-DRUCKEN WINZIGE FLUGRÄDER – TATSÄCHLICH NICHT UNMÖGLICH*

Laut WWF landen 40 % unseres Essens im Müll. Und wir wissen ja selbst, dass auch viele Dinge, die wir kaufen, nach nur kurzer Zeit auf der Müllhalde landen.

Doch sobald unsere Städte so effizient sind und so clever recyceln wie Bienenstädte und wir aufhören, 40 % von allem zu verschwenden,

müssen wir 40 % weniger Zeug produzieren, sodass wir nur noch 60 % der Fläche benötigen.

Und so

könnten 4 Menschen überleben

MIT NUR **163 ETAGEN**

PANTOLETTEN-3-D-MINI-DRUCKER

75 % der landwirtschaftlichen Fläche weltweit wird für Nutztiere gebraucht, also benötigen wir viel weniger, wenn wir auf echtes Fleisch verzichten. Alle gewinnen.

Na ja, fast alle.

EILMELDUNG

ALLE KÜHE BEFREIT

YEAHHH

ICH BIN ALL MEINE SORGEN LOS.

Laut Our World in Data könnten wir, wenn alle vegan wären, alle mit nur 1/4 der heute genutzten Agrarfläche ernähren.

Und so

könnten 4 Menschen überleben mit nur

70 ETAGEN

Und mit Hydroponik – auch von Ökosystemen in Gewässern inspiriert – kann man bis zu 4-mal mehr Kartoffeln, 30-mal mehr Tomaten und 60-mal mehr Weizen anbauen.

Um es einfach zu halten, wende ich nur den 10-fachen Wert des Bodenexperten Prof. McBratney der Sydney University an.

Moderne Nahrungsproduktionstechniken (…) bringen möglicherweise einen 10-mal höheren Ertrag pro Fläche ein als herkömmliche Anbaumethoden.

10-mal bessere Nahrungsproduktion könnte gemeinsam mit der Abschaffung von Biokraftstoffpflanzen und Baumschulen, nachhaltigerem Konsum und Fleischverzicht den weltweiten Bedarf an Agrarland um satte 97 % reduzieren.

Aber es bleibt noch das Problem mit dem Bedarf an weiten Flächen für erneuerbare Energien zum Betreiben von Hightech-Systemen. Doch mit dann wesentlich geringerem Erntebedarf sollte das ohne Solarmodule im All zu lösen sein.***

Und so

63 ETAGEN WENIGER

könnten 4 Menschen so gut wie autark sein mit nur

7 ETAGEN***

BAKTERIEN KÖNNTEN WEGEN IHRES HOHEN PROTEINGEHALTS EVENTUELL AUCH ZUR GEWINNUNG VON BIOCHEMIKALIEN AN ANDERE BAKTERIEN VERFÜTTERT WERDEN, UM DINGE WIE BIOPLASTIK HERZUSTELLEN.

3-D-DRUCKER

7 ETAGEN WENIGER

Und DAS bedeutet: Essen wir nur noch 3-D-gedruckte Bakterien-Mammut-Steaks (nicht gesund, aber nicht unmöglich) und schaffen wir es, Baustoffe und andere Produkte aus Bakterien herzustellen, müsste man theoretisch NIE WIEDER für irgendwas das Haus verlassen.

IN BIOREAKTOREN UNTER DEM BETT

WIR KÖNNTEN ALLES IN UNSEREM SCHLAFZIMMER **ANBAUEN******

Sieht man sich die über Millionen von Jahren entwickelten brillanten Innovationen anderer Arten und die supereffizienten neuen Technologien des Menschen an, wird klar, dass wir unseren Bedarf an Agrarland massiv herunterfahren könnten.

UND die Städte umwandeln in Nahrung und Rohstoffe produzierende Ökosysteme, so clever wie Korallenriffe oder Termitenhügel, und mit Technologien, so fortschrittlich wie Napfschneckenzähne oder Fangschreckenkrebsmuskeln.

UND wie gesagt: Sobald Städte alles Benötigte herstellen, wird das Wiederverwildern der heutigen Agrarflächen bis zu 10 AMAZONAS-GEBIETE FREIE FLÄCHE schaffen.

AMAZON

SICHER, es liegen noch Gestaltungshürden vor uns.

Wenn wir Agrarflächen turboverwildern, schulden wir es Kühen und anderen Tieren, ihnen LUXUS-NUTZTIER-RUHESITZE zu bauen.

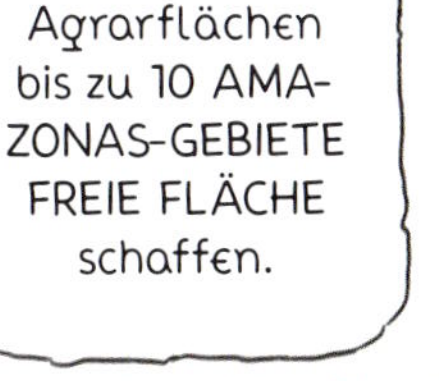

Doch soweit ich sehe, ist das Verwildern der gesamten Welt

LÄCHERLICH MÖGLICH.

Vielleicht brauchen wir nicht einmal aberwitzig hohe Plastikgebäude.

Auch wenn ich mich RIESIG auf 270 Etagen gefreut habe.

10 AMAZONAS-GEBIETE reichen HÖCHSTWAHRSCHEINLICH, um das Massenartensterben zu stoppen und das gesamte von Menschen ausgestoßene CO_2 zu binden.

UND es besteht nur eine wiiinzige Gefahr, dass es zu einer SCHRECKLICHEN EISZEIT FÜHRT UND UNS ALLE TÖTET.

Tatsächlich ist die Gefahr gar nicht SOO winzig. Aber versuch bitte, dir über dieses KLEINE DETAIL keine Sorgen zu machen.

* SUCH NACH: BIENEN 3-D-DRUCKEN ZEMENTHONIG.

** SUCH NACH: KÖNNEN MENSCHEN IRGENDWANN PHOTOSYNTHESE BETREIBEN?

*** WWW.ULTRAWILD.ORG FÜR INFOS ZUM SOLARMODULBEDARF DIESER SYSTEME.

**** MANCHE METALLE UND ANDERE MATERIALIEN KÖNNEN NICHT DURCH GEZÜCHTETES MATERIAL ERSETZT WERDEN.

KAPITEL 14

WIE SCHNELL KÖNNTE REWILDING DEN KLIMAWANDEL UMKEHREN?

KÖNNTE ES WIRKLICH EINE EISZEIT GEBEN?

TECHNISCH IST ES MÖGLICH, EINE EISZEIT AUSZULÖSEN.

TATSÄCHLICH …

Es wäre nicht das erste Mal.

Nachdem spanische Entdecker vor über 500 Jahren Amerika erreicht hatten, töteten sie über 50 Millionen Indigene. Deren Agrarflächen verwilderten zu Wäldern – und das Klima veränderte sich.

CO_2

Eine Studie legt nahe, dass die zurückgekehrten Wälder eine Fläche so groß wie Frankreich oder 10 % des Amazonas-Gebiets bedeckten. Dass sie der Atmosphäre genug CO_2 entzogen, um das Klima deutlich abzukühlen. Und dass das zu über 100 Jahren extremer Winter in Europa geführt hat – bekannt als «Kleine Eiszeit».*

Überall in Europa wurden Bilder gemalt von Menschen auf zugefrorenen Seen. Wie auf diesem von Hendrick Avercamp von 1620.

Natürlich ist heute viel mehr Kohlendioxid in der Atmosphäre vorhanden, sodass es VIEL SCHWIERIGER ist, EINE EISZEIT AUSZULÖSEN.

Niemand kann die Fragen wirklich beantworten, denn wie schnell wir den Klimawandel umkehren können, hängt davon ab, wie schnell wir aufhören, fossile Brennstoffe zu verbrennen, und wie schnell wir die Ökosysteme der Erde reparieren.

Doch wenn alles andere konstant bleibt (was es nicht wird – die Erde steckt voller Überraschungen), passiert in etwa Folgendes:

1: WIR WERDEN EMISSIONSFREI.

Sobald fossile Brennstoffe abgeschafft sind und wir Netto-Null-Emissionen erreichen, also nicht länger mehr Kohlendioxid produzieren, als die Ökosysteme verwerten können,

beginnen die Ökosysteme langsam, die seit der industriellen Revolution in die Atmosphäre gelangten 2500 Mount Everests Kohlendioxid zu absorbieren.

ABER selbst wenn wir Netto-Null in den kommenden Jahrzehnten erreichen,

benötigen unsere massiv geschädigten Wälder und Ozeane Hunderttausende Jahre, um all den Kohlenstoff wieder aufzunehmen.**

In der Zwischenzeit würde die überschüssige Wärme weiterhin die Eiskappen schmelzen, sodass Städte geflutet würden.

2: WIR ERREICHEN DAS 30X30-ZIEL UND STELLEN BIS 2030 30% DES PLANETEN UNTER SCHUTZ

UND EINE MILLIARDE HEKTAR GESCHÄDIGTE FLÄCHE WIEDER HER – DAS GEMEINSAME ZIEL VON 115 LÄNDERN.

Dadurch könnten etwa zwei neue Amazonas-Gebiete wiederverwildert werden.

Je nach Art der wiederhergestellten Ökosysteme könnte man in diesem Jahrhundert bis zu 869 Mount Everests CO_2 beseitigen.

Und mit etwas Glück könnten wir so die Erderwärmung auf 1,5 Grad begrenzen.

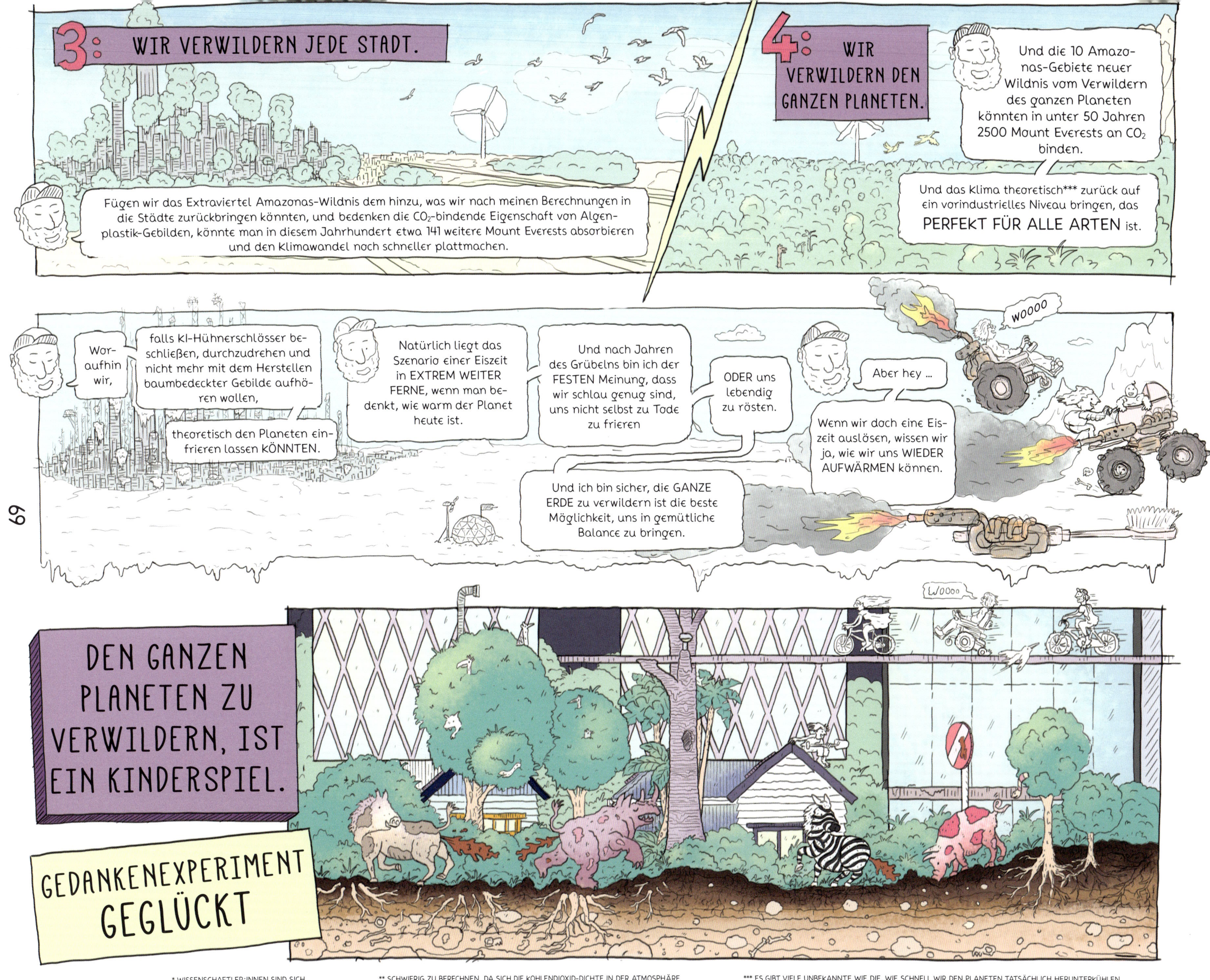

* WISSENSCHAFTLER:INNEN SIND SICH SEHR UNEINIG ÜBER DIESE THEORIE.

** SCHWIERIG ZU BERECHNEN, DA SICH DIE KOHLENDIOXID-DICHTE IN DER ATMOSPHÄRE UND AUCH DIE FÄHIGKEIT VON MEER UND LAND, ES ZU ABSORBIEREN, VERÄNDERN.

*** ES GIBT VIELE UNBEKANNTE WIE DIE, WIE SCHNELL WIR DEN PLANETEN TATSÄCHLICH HERUNTERKÜHLEN KÖNNEN – SELBST MIT SCHNELLER KOHLENDIOXIDBINDUNG. MEHR INFOS HIERZU AUF MEINER WEBSEITE.

WELLINGTON

EPILOG

ICH ÜBERGEBE AN DICH DAS GRÖSSTE DESIGN-PROJEKT ALLER ZEITEN

Nach meinen Recherchen ist jedes Projekt in diesem Buch, egal wie irre, theoretisch möglich.

Kompostkanonen, 3-D-Drucker-Vögel, Flugräder – ALLES MACHBAR. Nahrung aus der Luft schaffende Bioreaktoren – BEREITS IM EINSATZ.

www.ultrawild.org

BESSER NOCH: Auf der ganzen Welt wandeln Rewilding-Projekte bereits Brachland um und binden Kohlenstoff ohne jede komplexe Erfindung oder auch nur Extranährstoffe – einfach, indem sie der Natur helfen, sich zu erholen.*

Und eine ermutigende aktuelle Studie in der Zeitschrift Nature zeigt, dass 60 % vor dem Aussterben stehender Arten gerettet und 299 Gigatonnen CO_2 gebunden werden könnten, wenn in manchen Regionen der Welt die zerstörerischen Aktivitäten auf nur 15 % der Fläche gestoppt würden.

KLACK

* WARTE MAL, BIS SIE DIE SAMENBOMBEN-KATAPULT-RÄDER IN DIE FINGER BEKOMMEN.

Fossile Brennstoffe abschaffen, Städte zu 100 % mit erneuerbaren Energien betreiben und den Planeten verwildern,

um den Klimawandel plattzumachen und ein Leben zu führen, das andere Arten nicht nur erhält, sondern ihnen auch hilft, sich zu ENTFALTEN,

IST ABSOLUT MACHBAR.

Und ich vermute,

das wird noch zu unseren Lebzeiten passieren.

Sagst du das jemandem, der auf Autopilot feststeckt, hält der mich natürlich für TOTAL BEKLOPPT.

Doch geht es um Ideen, lasse ich mich GERNE als BEKLOPPT bezeichnen.

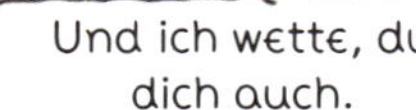

Und ich wette, du dich auch.

Zum Glück für unseren Planeten

sind wir nicht DIE EINZIGEN.

Es freut mich riesig, berichten zu können, dass ich bei der Recherche zu diesem Buch herausgefunden habe, dass meine ABSURDE Idee des Ultrawildings jeder Stadt NICHT der ehrgeizigste Plan zur Kohlenstoffbindung ist.

NICHT MAL ANNÄHERND.

Es gibt Dutzende EPISCHER, von Wissenschaftler:innen und Laien entwickelter Pläne. Darunter welche, die viel schneller Kohlendioxid binden und den Klimawandel umkehren können, als ich es mir je erträumt hätte.

Manche so GEWALTIG und EHRGEIZIG, dass sie viel größere Ökosysteme schaffen könnten, als es ein Wald je könnte.

EINE GESAMTFLÄCHE VON MEHR ALS 6 AMAZONAS-REGENWÄLDERN

Wie der Vorschlag des Botanikers Antoine de Ramon N'Yeurt der University of the South Pacific, 9 % der Weltmeere in schwimmende Algenwälder zu verwandeln.

Nur eines der vielen unglaublichen Projekte, die Prof. Tim Flannery in seinem brillanten Buch «Sunlight and Seaweed» über reale Kohlenstoffbindungs-Megapläne beschreibt.

Und nach meinen Berechnungen könnte es pro Jahr bis zu 225 000 Gizeh-Pyramiden Algen produzieren und 64 Gigatonnen (oder Mount Everests) CO_2 absorbieren.

Auch Tang absorbiert bei Photosynthese Kohlendioxid.

CO_2

NÄHRSTOFFE

Riesentang kann täglich bis zu 60 cm wachsen.

Seetangwedel können geerntet und auf den Meeresboden geworfen werden, wo der aus der Atmosphäre entfernte Kohlenstoff für Tausende Jahre gebunkert wird.

Andere sind so ABSURD WIRKSAM, dass sie viel weniger Fläche benötigen, um Kohlenstoff zu binden, als Wälder – wie eines der anderen von Flannery vorgestellten Konzepte.

Prof. Stuart Licht von der George Washington University schlägt vor, 10 % der Sahara mit riesigen Spiegeln zu bedecken, um Kohlendioxid in Sauerstoff und feste Kohlenstofffasern zu spalten – wie die, die man für Rennräder und Jets verwendet.

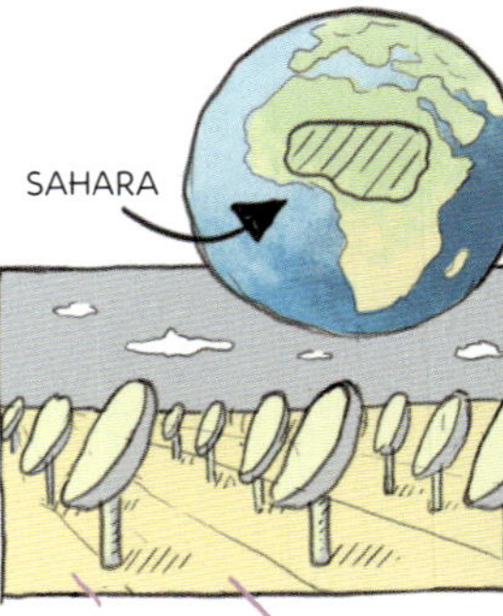

Gebündelte Sonnenstrahlen produzieren die zum Spalten benötigten bis zu 900 Grad Hitze.

KOHLENDIOXID

KNACK

EXTREME HITZE

KOHLENSTOFFFASER

Basierend auf Prof. Lichts Studie legen meine Berechnungen nahe, dass man mit diesen Sahara-Spiegeln jährlich etwa 4500 Pyramiden Kohlenstofffasern aus der Atmosphäre ziehen könnte. Genug, um die GESAMTEN 2500 Mount Everests des menschengemachten Kohlendioxids in etwa 30 Jahren zu entfernen.

Und diese Pläne sind NUR der Anfang.

Jede Woche entdecke ich neue unglaubliche Projekte zur Kohlenstoffbindung, Stromerzeugung, Nahrungsgewinnung und Konstruktion von Dingen.

UND zum schnelleren Abkühlen des Planeten, falls wir den Klimawandel nicht schnell genug umkehren können.

Wie der unglaubliche NASA-preisgekrönte Plan der künstlichen Photosynthese.

Küstengemeinden arbeiten daran, Mangroven und Seegraswiesen zu pflanzen, die Kohlenstoff bis zu 35-mal schneller binden können als Wälder.

Oder die erstaunliche Idee, riesige Sonnenschirme zwischen Sonne und Erde aufzuspannen.

Auf der Website der US-Stiftung XPRIZE werden im Rahmen des 100-Millionen-Dollar-Preises unglaubliche Projekte zur Kohlenstoffbindung aufgelistet.

WWW.XPRIZE.ORG

Und Hunderte weiterer bei Project Drawdown – einem Katalog brillanter Erfindungen zu CO_2-Abbau, Gebäude- und Fahrzeug-Design, Landwirtschaft und mehr.

www.drawdown.org

Der Haken:

Wir müssen viel schneller innovativ sein.

IDEEN FÜHREN ZU IDEEN

Die doppelte Gefahr von Klimawandel und Massenaussterben schnell zu bannen, ist das größte Forschungsprojekt aller Zeiten.

Es erfordert MEHR IDEEN als jedes zuvor.

Und da die Hirnforschung uns sagt, dass man durch aberwitzige Gedankenexperimente am allerbesten auf neue und brillante Ideen kommt,

BRAUCHEN WIR EINE ABERWITZIGE-IDEEN-REVOLUTION.

Und hier kommst DU ins Spiel.

Beim Lesen meiner Ideen kamen dir sicher selbst ein paar. Schreib sie so detailliert wie möglich auf. Zeichne sie. Bau sie. Schließe dich einem Makerspace an und 3-D-drucke und kodiere sie.

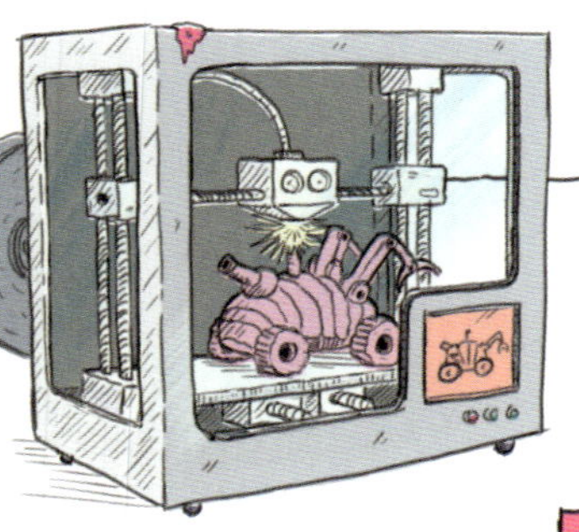

Den Entwurf oder die wissenschaftliche Studie von anderen als Grundlage für ein Gedankenexperiment zu nehmen, ist eine der schnellsten Möglichkeiten, auf aberwitzig brillante Ideen zu kommen.

Gerade jetzt denken so wenige über aberwitzige Ideen nach, dass du fast jede neue Technologie oder wissenschaftliche Erkenntnis nehmen kannst und trotzdem der/die Erste sein wirst, der/die sie bis an den Rand der Genialität ausreizt.

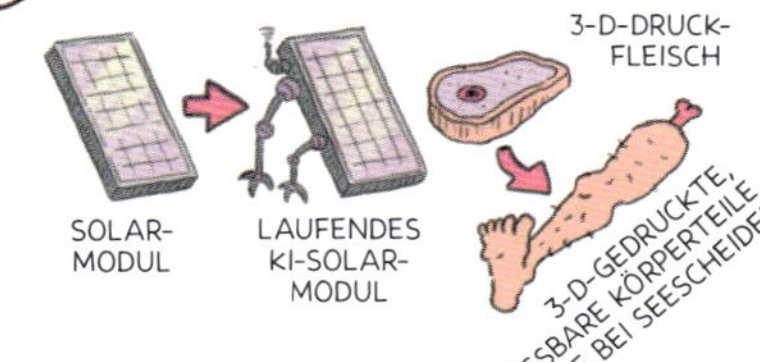

Nehmen wir das Algen- und das kohlenstofffaser-produzierende Projekt der vorherigen Seite.

Riesentang ist eine Makroalge. Diese 225 000 Pyramiden umfassende Menge könnten wir selbstverständlich in Bioplastik umwandeln, die 4500 Pyramiden Kohlenstofffasern darunter mischen und Städte auf den Ozeanen oder in der Sahara 3-D-drucken.

Jedenfalls finde ich das selbstverständlich.

Doch im Internet konnte ich NICHTS darüber finden.

NICHTS ZU WISSEN, KANN BEIM ENTWERFEN HILFREICH SEIN.

Aus vielen Algenarten lässt sich wohl Bioplastik machen – sogar auf deinem Küchenherd.

Aber Seetang taucht nirgendwo auf.

Niemand macht Seetang-Plastik.

Wie gesagt, der unterscheidet sich von Mikroalgen wie du dich von einer Osterglocke.

Doch da wir keine Ahnung von Bioplastik-Chemie haben, durchstöberten wir weiter die Forschung.

Und stolperten über eine interessante Studie.

Ein Wissenschaftsteam der Tel Aviv University hat eine Möglichkeit entwickelt, Braunalgen mithilfe von Mikroben in stabiles Bioplastik umzuwandeln.

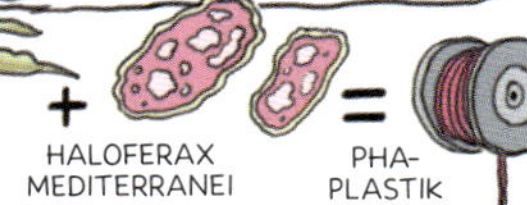

Wir haben in einer Mail gefragt, ob auch Riesentang ginge, und Bioingenieur Dr. Supratim Ghosh antwortete umgehend.

Es sei noch nicht getestet worden, er enthalte aber die richtigen Biomoleküle, um die Mikroben zu nähren – es sollte also gehen.

Fast nicht zu glauben. Die Wissenschaft ist so weit: Sie weiß, wie der Luft Kohlenstoff entzogen wird und wie man Supermaterialien herstellt. Trotzdem denkt niemand darüber nach.

Wir berechneten, dass Dr. Ghoshs mikrobieller Prozess unsere 225 000 Pyramiden Tang in 2000 Pyramiden Bioplastik umwandeln könnte. Kohlenstofffasern hinzugefügt, hätten wir 3300 Pyramiden superstabile Biokomposite für den 3-D-Druck.

3300 Pyramiden! Das ist 35-mal mehr als jährlich weltweit an Stahl produziert wird.

Eine gigantische Menge. Genug, um gewaltige Wüsten- und Meeresstädte in nur einem Jahr zu 3-D-drucken. Und DANN anderen epischen Kram zu entwerfen.

Es ist UNMÖGLICH vorherzusehen, welche unglaublichen Ultraverwilderungsmaschinen und Tierhabitate wir mit 3300 Pyramiden Supermaterial jedes Jahr 3-D-drucken könnten.

Doch ich hab da ein paar Ideen, mit denen du loslegen kannst.

ULTRAABERWITZIGES ULTRAWILDING

ERSTE ENTWICKLUNGS- UND ERFINDUNGSIDEEN

SCHICK MIR, WAS DU ERFUNDEN HAST!

1 ULTRAWILDE MEGAHAUSTIERE ENTWERFEN

3300 Pyramiden Kohlenstofffasern sind genug, um 100 Mountainbikes für JEDE PERSON DER WELT JÄHRLICH zu 3-D-drucken.

Aber es wäre VIEL witziger, auf MEGA-HAUSTIEREN zu reiten.

Mit 3300 Pyramiden könnte man jedes Jahr jeder Person einen mechanischen Diprotodon von der Größe eines Lasters 3-D-drucken. Oder ein Megatherium, ein Glyptodon mit Schwanzpanzer oder ein Elasmotherium mit 2 m langem Horn,

die helfen, die weltweiten Ackerflächen IRRSINNIG SCHNELL ultrazuverwildern.

GROBE BERECHNUNG

3300 Pyramiden geteilt durch 8 Milliarden Menschen sind gleich 1600 kg Kohlenstofffasern PRO PERSON.

Das ist ungefähr das Gewicht an Stahl eines großen SUV. Aber weil Biokomposite für ihr Gewicht etwa 5-mal so stabil wie Stahl sind, reicht das, um Megahaustiere zu bauen, die VIEL größer sind als ein SUV. Vermutlich einen mechanischen Waldelefanten jährlich für jeden.

2 LUFTSCHIFFE (UND ANDERES) ENTWERFEN, UM DEN BEFREITEN NUTZTIEREN IN DER WILDNIS ZU HELFEN

Wenn wir die weltweiten Ackerflächen irre schnell verwildern, benötigen wir auch schnellstens Nutztier-Ruhesitze,

was uns eine unglaubliche Möglichkeit verschafft. Wir könnten EPISCHE MENGEN praktischen Methans sammeln (vom Furzen, Aufstoßen und ihrem Dung).

EUTER-PARADIES

METHAN

Wäre da nicht

eine WINZIGE Schwierigkeit: Laut Internet haben die meisten Nutztiere Höhenangst.

Aber wir KÖNNTEN STATTDESSEN fliegende Ruhesitze bauen.

LUXUSLEBEN + ON-BOARD-ABENTEUER

KUHSCHIFF

GIGANTISCHER METHAN-BALLON

BÄUME VERSPERREN DIE SICHT, GUT BEI HÖHENANGST.

Wie du weißt, ist Methan explosiv. Also kann man damit Kanonen und Motoren betreiben.

Du weißt vielleicht nicht,

DASS

Methan knapp halb so viel wiegt wie Luft. Es kann Dinge zum Schweben bringen – wie Helium in einem Partyballon.

METHAN-BALLON SORGT FÜR AUFTRIEB.

Wir könnten also jedem Nutztier im Ruhestand ein eigenes Luftschiff für – vor Raubtieren sichere – Abenteuerausflüge 3-D-drucken.

RUHESITZ ZUM ENTSPANNEN

LUFTSCHIFF FÜR ABENTEUER

SANFTE ROBOTER BEREITEN KÜHE FÜR FLUG VOR.

METHAN-BETRIEBENER MOTOR

RAKETENANTRIEB, UM RAUBTIEREN ZU ENTKOMMEN

KUHHOSEN, DIE METHAN AUS FÜRZEN UND DUNG PRODUZIEREN

METHAN-SAMMELHELM

GROBE BERECHNUNG

Eine Durchschnittskuh bräuchte knapp 3 Jahre, um mit ihrem eigenen Gas in die Luft zu steigen. Wenn alle Fürze und Rülpse gesammelt, mithilfe einer Biogas-Reaktor-Hose Methan aus ihrem Dung hergestellt und ein 1500 m^3 großer Ballon von 14 m Durchmesser, also hausgroß, damit befüllt würde.

Schafe und Ziegen könnten sich in einem ähnlichen Zeitraum zum Schweben bringen.

Und IRGENDWANN …

na ja … ähm …

Und dass es in nicht allzu ferner Zukunft real werden könnte?

Nutztiere im Ruhestand leben nicht ewig, weißt du.

Tja, abgesehen von Sicherheitsbedenken bei mit explosivem Gas gefüllten Ballons,

Also könnte man Kuhschiffe eines Tages anders nutzen.

Erinnerst du dich an Buckminster Fullers Cloud-Nine-Konzept, das ich zu Beginn erwähnt habe?

könnten die stadtgroßen Methanballons, wenn die Tiere sie nicht mehr brauchen, tatsächlich Fullers Plan mitbeschleunigen.

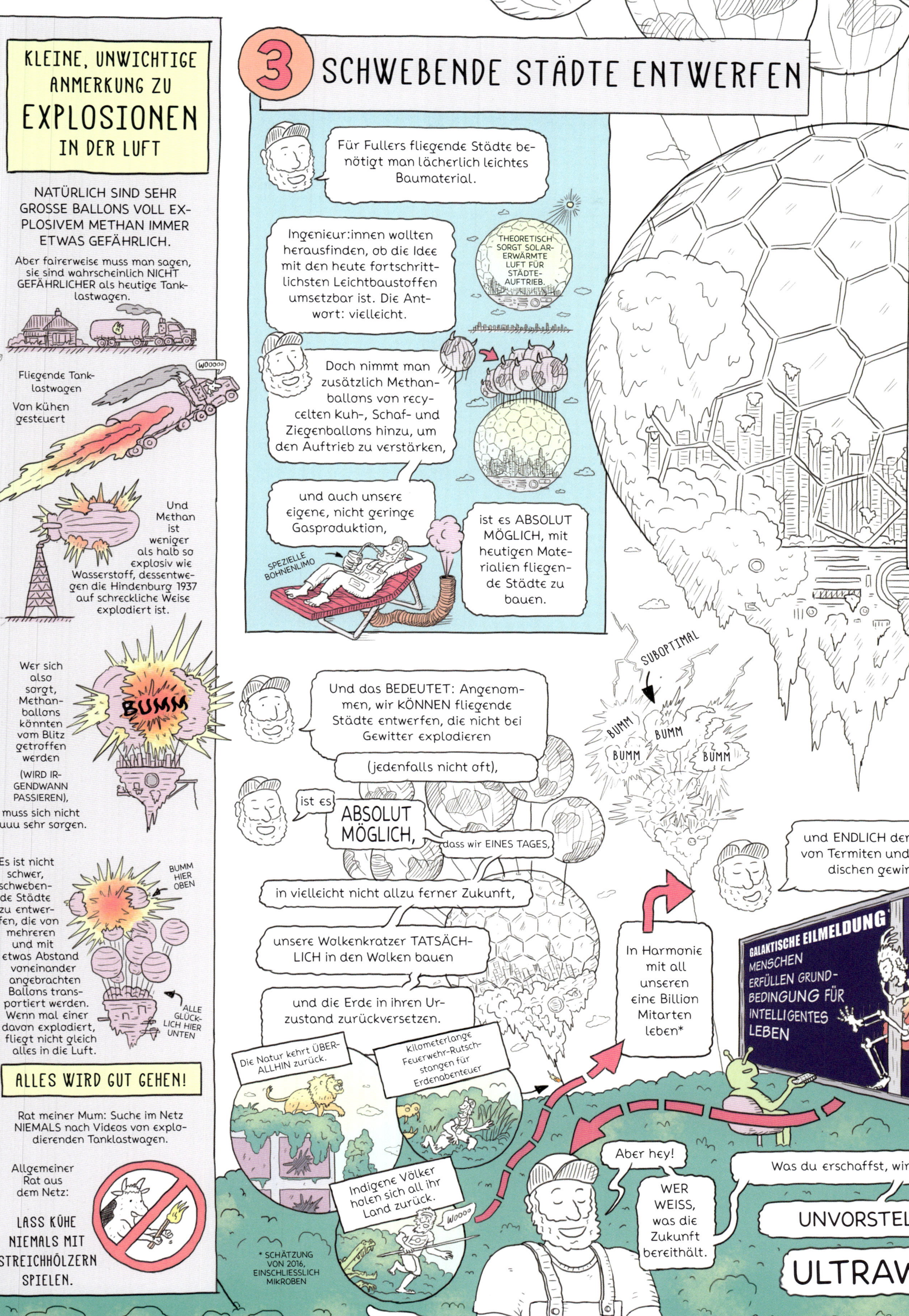

GROBE BERECHNUNG

ALLE NUTZTIERE DER WELT ZUM SCHWEBEN BRINGEN

Es gibt 4 Milliarden Rinder, Schafe, Ziegen und Schweine auf der Welt. Zusammen wiegen sie etwa 700 Millionen Tonnen – oder doppelt so viel wie alle Menschen.

Schafe und Ziegen rülpsen und furzen weniger als Rinder, Schweine noch einmal weniger. Aber mit all ihren Fürzen und Rülpsern zusammengenommen plus Dung könnten alle 4 Milliarden in etwa 5 Jahren und 3 Monaten sich selbst und das Luftschiff zum Schweben bringen.

TIERSCHIFFE FÜR MENSCHEN AUFBEREITEN

Da alle Nutztiere der Welt etwa doppelt so viel wiegen wie alle Menschen, könnten die Methanballons, die zuvor sie und das Schiff angehoben haben, umgebaut alle 8 Milliarden Menschen und ein paar größere Koffer anheben.

Nimmt man noch das eigene Gas hinzu, plus die Hubkraft der Sonne, wie Buckminster Fuller vorschlägt, könnten wir größere Gebäude, verbindende Fahrradwege, Gärten, Cafés, Videospielhallen und mehr zum Schweben bringen.

Zuerst einen großen Dank an meinen brillanten, wundervollen und außergewöhnlich geduldigen Verlag Allen & Unwin. Ich habe für dieses Buch ein paar Jahre länger gebraucht, als irgendjemand von uns geahnt hat, und ich bin zutiefst dankbar, dass ihr an mich und das Projekt geglaubt habt, für eure Weisheit und euer Können.

Danke Erica Wagner, Eva Mills, Davina Bell, Hilary Reynolds und Sandra Nobes. Ein besonderer Dank an Elise Jones.

Ich danke meinen brillanten Ingenieurs- und Wissenschaftlerfreunden. Danke Neil Faragher, Michael Santin, Dr. Wilson Lennard, Dr. François Thoral und Philip Sutton. Hinter vielen dieser Projekte stecken eure Hilfe bei den Berechnungen und unsere anregenden Gespräche.

Ich danke den Expertinnen und Experten, die auf meine Aus-heiterem-Himmel-Mails voller Begeisterung und wertvoller Unterstützung geantwortet haben. Ich danke Prof. Tim Flannery, Prof. James Renwick und Dr. Christopher Horvat für ihre Erörterungen zu Kohlenstoffverbindungen, Dr. Hannah Ritchie zur weltweiten Landnutzung, Dr. Fernando Alfaro, Dr. Andy Moffat und Tony Hutchings zum Erdreich, Prof. Alex McBratney und Kat Lavers für ihre Gespräche zu Ernteerträgen, Gabriel Grimsditch zu Seegras, Prof. James Crampton zum weltweiten Rückgang der Vogelpopulation, Dr. April Reside zur Artenmenge, Dr. Supratim Ghosh für Gespräche zu Seetang und Bioplastik, Deborah Riley, Ken Tchung und Andy Chan von Melbourne Water für den Austausch über gigantische Rohre, Dr. Matthew Palmer, Sarah Langlet, Bronya Wilkins und Clare Pitt für die Hirnforschungsgespräche und das Faktenchecken sowie Anahera Nins für den Austausch über Kaitiakitanga. Einen besonderen Dank an Dr. Antonia Cristi für die Gespräche über Phytoplankton und ihre tollen Wissenschaftsbeziehungen. Die Verantwortung für die Fehler in diesem Buch liegt allein bei mir.

Ein riesiger Dank geht an das Australian Design Centre in Sydney und an die Spiral Gallery in Tokio für ihren Glauben an mich. Dieses Buch ist vor allem eine Erweiterung der Ausstellungen, die ich mit euch zusammen konzipiert habe. Danke Annette Mauer, Danielle Robson und Steve Pozel von ADC und danke Hiroyuki Kobayashi, Tsutomu Okada, Yoshie Ota, Jun Okazaki und Shiro Yamamoto von Spiral. Ein super-besonderer Dank an Kathryn Hunyor.

Ich danke Niomi Sands und Bridget Purtill von The Glasshouse Regional Gallery, Danny Lacy von der Mornington Peninsula Regional Gallery, Mary Faith von der Grace Cossington Smith Gallery, Luke Taylor vom National Sustainable Living Festival und Anna Reis und Karl Williams von Selby House für das Ausstellen von Entwurfszeichnungen und -modellen.

Ich bin sehr dankbar für die Möglichkeit, im inspirierenden CERES Environment Park in Melbourne an nachhaltigen Technologien zu arbeiten, und für meine Freiwilligenarbeit am Pionier-Rewilding-Projekt Pitchandikulam Forest in Indien. Ein besonderer Dank gilt Nick Curmi, Chris Ennis, Noel Blencowe, Keith Jesse, Judy Glick und Joss Brooks.

Ich danke Prof. Pia Ednie-Brown dafür, mich zum Schreiben ermutigt zu haben, meinem wundervollen Comic-Mentor Bernard Caleo und Hunter Douglas für das brillante Checken von wissenschaftlichen Fakten.

Danke an meine Freundinnen und Freunde, die Entwürfe und festgefahrene Ideen gelesen und mir brillantes Feedback gegeben haben: Lucille Richardson, Jerry Mushin, Richard Procter, Dr. Laura Jean McKay, Imogen Melgaard, Annette Mauer, Raku Pitt, Marc Martin, Tim Low, Jasmine Toynbee, Dr. Rory O'Sullivan, Loo Connor, Lucinda Gifford, Richie Miller. Ein besonderer Dank an James Fleming für das strukturelle Feedback, Mike Cebon für die Strategie, Rory Harnden für die exzellente Hilfe bei den Schriftarten und Anna Parry und Dr. Michael Chew für kreative Kameradschaft und Zusammenarbeit in den letzten Jahren.

Ich danke meinen Schreibkumpels Nic Low, Emily Conolan und Dr. Tom Doig für Jahre des Entwürfe-Lesens, intensiven Problem-Eintauchens und -Lösens, Liebe und Unterstützung. Eure mentalen Fingerabdrücke finden sich überall in diesem Buch.

Danke meinen Freundinnen und Freunden, die mich auf meinem Weg unterstützt haben: Michael Camilleri, Christopher Langton, Kate Barnard, Shane Melotte, Melua Watson, Amadis Lacheta, Colleen Burke, Andy Richardson, Cameron Fraser, Tiki Swain, Freya Pitt, Nicki Greenberg, Kate Cranney, Jason Rohloff, Jessa Boanas, Melissa Silk, Dan Mullerworth, Henry Old, Jim Moynihan, Tim Collins, Phil Smith, Jono Chong, Jarod Pak, Ryan Hale, Leigh Hopkinson, Rosie Percival, Erin Gilkison, Jenna Eriksen und Jenny Ellis.

Danke an Claudia und Jerry Mushin, danke für eure grenzenlose Liebe und eure Begeisterung, euern genialen Umgang mit Worten und dafür, stets das Geschichtenerzählen, Zeichnen, Machen, Aberwitzigkeit, Risikobereitschaft und Abenteuer zu fördern.

Vor allem danke ich meiner unverschämt tollen Frau Lucille Richardson. Danke für deine unaufhörliche Liebe, für deine Unterstützung, überschäumende Art und Weisheit und dafür, dass du meine Begeisterung für schockierend seltsame Tierfakten, explodierende Kanäle und das Neu-Erfinden unserer Welt zum Besseren teilst, komme, was wolle.

Dieses Buch entstand auf dem traditionsreichen Boden der Wurundjeri und der Wurundjeri Woi-wurrung in Australien und der Taranaki Whānui ki Te Upoko o Te Ika und der Ngāti Toa Rangatira iwi in Aotearoa. Ich erweise den Stammesältesten dieser Gemeinschaften meinen Respekt, in Vergangenheit, Gegenwart und Zukunft.

PROLOG: ABERWITZIGE IDEEN ALS BOOTCAMP FÜRS GEHIRN

Shelley Carson: *Your creative Brain. Seven steps to maximize imagination, productivity and innovation in your life*, John Wiley & Sons, 2012

KAPITEL 1: DAS MECHANISCHE MEGAFAUNA-PROJEKT

Christopher E. Doughty u. a.: *Global nutrient transport in a world of giants*, Proceeding of the National Academy of Sciences 113.4, 2016

Yinon M. Bar-On, Rob Phillips u. Ron Milo: *The biomass distribution on Earth*, Proceedings of the National Academy of Sciences 115.25, 2018

KAPITEL 2: IST DAS MIT DEM REWILDING ERNST GEMEINT?

George Monbiot: *Neuland. Wie wir die Welt ernähren können, ohne den Planeten zu zerstören*, Blessing, 2022

KAPITEL 5: KANN REWILDING DEN KLIMAWANDEL WIRKLICH PLATTMACHEN?

Joeri Rogelj u. a.: *Mitigation pathways compatible with 1.5 C in the context of sustainable development. Global warming of 1.5 C*, Intergovernmental Panel on Climate Change, 2018

KAPITEL 8: DIE HÄRTESTEN MATERIALIEN DER WELT 3-D-DRUCKEN

Xiaotian Han u. a.: *Nutrients extracted from chicken manure accelerate growth of microalga Scenedesmus obliquus HTB1*, Green and sustainable chemistry 7.2, 2017

Gabriela Garcia u. a.: *Accumulation of PHA in the microalgae Scenedesmus sp. Under nutrient-deficient conditions*, Polymers 13.1, 2020

KAPITEL 10: ALLES NOCH MAL DURCHRECHNEN

OECD / European Commission: *A new perspective on urbanization*, 2020

Susan C. Cook-Patton u. a.: *Mapping carbon accumulation potential from global natural forest regrowth*, Nature 585.7826, 2020

KAPITEL 11: DAS EINZIGE, WINZIGE PROBLEM

Hannah Ritchie: *If the world adopted a plant-based diet we would reduce global agricultural land use from 4 to 1 billion hectares*, Our World in Data, 4th March 2021

Joseph Poore u. Thomas Nemecek: *Reducing food's environmental impacts through producers and consumers*, Science 360.6392, 2018

KAPITEL 12: ES GEHT VORAN

Jean-Francois Bastin u. a.: *The global tree restoration potential*, Science 365.6448, 2019

KAPITEL 13: WER WEISS SCHON, WAS MÖGLICH IST UND WAS NICHT?

Hannah Ritchie (siehe Kapitel 11)

Joseph Poore u. Thomas Nemecek (siehe Kapitel 11)

Bart Pander u. a.: *Hydrogen oxidising bacteria for production of single-cell protein and other food and feed ingredients*, Engineering Biology 4.2, 2020

KAPITEL 14: KÖNNTE ES WIRKLICH EINE EISZEIT GEBEN?

Susan C. Cook-Patton u. a. (siehe Kapitel 10)

EPILOG: ICH ÜBERGEBE AN DICH

Bernardo BN Strassburg u. a.: *Global priority areas for ecosystem restoration*, Nature 586.7831, 2020

Tim Flannery: *Sunlight and seaweed. An argument for how to feed, power and clean up the world*, Text Publishing, 2017

Antoine de Ramon N'Yeurt u. a.: *Negative carbon via ocean afforestation*, Process Safety and Environmental Protection 90.6, 2012

Supratim Ghosh u. a.: *Macroalgal biomass subcritical hydrolysates for the production of polyhydroxyalkanoate (PHA) by Haloferax mediterranei*, Bioresource technology 271, 2019

Stuart Licht: *A new solar carbon capture process: solar thermal electrochemical photo (STEP) carbon capture*, The Journal of Physical Chemistry Letters 1.15, 2010

Mike Orcutt: *Researcher Demonstrates How to Suck Carbon from the Air, Make Stuff from It*, MIT Technology Review, 19 August 2015

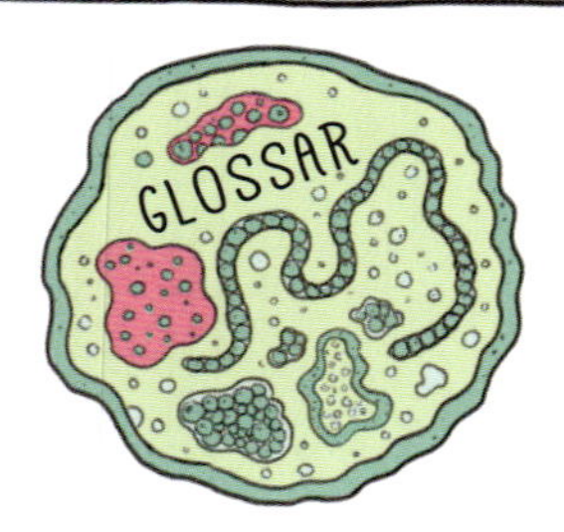

ALGEN

Meist Photosynthese betreibende Organismen, die gewöhnlich im Wasser leben. 30 000 Arten sind bekannt, doch es könnten Millionen sein. Die Vorfahren der Pflanzen, ohne die es uns nicht gäbe.

ATMOSPHÄRE

Die Erde oder andere Planeten umgebende Gasschichten, die von der Schwerkraft an Ort und Stelle gehalten werden. Die Erdatmosphäre enthält größtenteils Stickstoff und Sauerstoff und kleine Mengen Argon, Wasserdampf, Kohlendioxid, Methan und Spurengase.

BAKTERIEN

Mikroorganismen, die Käse und das Leben ermöglichen. 38 Billionen nützliche Bakterien von 10 000 Arten leben allein in uns – neben Pflanzen und anderen Organismen sind wir von ihnen abhängig. Insgesamt 30 000 Arten sind bekannt. Es könnten bis zu einer Milliarde sein.

BIODIVERSITÄT

Die Vielfalt des Lebens auf der Erde, in einem Habitat oder Ökosystem. Höhere Biodiversität macht Ökosysteme beständiger und widerstandsfähiger gegen Störfaktoren, Krankheiten und Klimawandel.

BIODRUCK

3-D-gedruckte lebende Zellen, um Körperteile wie Ersatzorgane oder In-vitro-Fleisch herzustellen. Die Zellen werden oft auf Biomaterialien gedruckt – nicht lebende Materialien, die den 3-D-gedruckten lebenden Zellen als Gerüst dienen.

BIOGASANLAGE

Ein Bioreaktor, der anaerobe Bakterien zum Zersetzen organischen Abfalls nutzt. Die Anlage produziert Methan als Kraftstoff und Dünger. Praktisch, um Kanonen zu betreiben, aber umwelttechnisch unattraktiver als Kompostierung, die Bodenkohlenstoff erzeugt und Insekten und kleine Tiere ernährt.

BIOKOMPOSITE

Ein Verbundwerkstoff, der aus bio- statt aus öl-basiertem Plastik hergestellt wurde und häufig biologische Fasern wie Flachs statt Kohlenstofffasern nutzt. Holz, Knochen und Zähne sind natürliche Biokomposite.

BIOMIMIKRY

Das erste, einer Taube nachempfundene Flugzeug der Brüder Wright, Termitenhügel imitierende Gebäude und jedes andere, sich an einer biologischen Einheit wie einer Pflanze, einem Tier oder einem natürlichen Prozess wie der Photosynthese orientierende Design.

BIOPLASTIK

Plastik aus erneuerbaren biologischen Ressourcen wie Pflanzen oder Algen statt Öl. Häufig werden Mais, Kartoffeln, Algen oder Zuckerrohr verwendet.

BIOREAKTOR

Ein Behältnis, in dem ideale biologische Bedingungen zum Züchten von biochemisch aktiven Organismen wie Fleischzellen, Bakterien oder Algen herrschen.

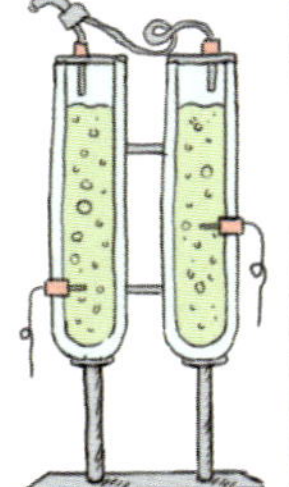

BIOSPHÄRE

Die Biosphäre ist etwa 3,5 Milliarden Jahre alt und die Summe aller Ökosysteme der Erde, inklusive Erdoberfläche, Meeren, der Schicht bis zu 5 km oder tiefer unter der Erdoberfläche, in der Mikroben noch überleben, und unserer geliebten Atmosphäre.

DISRUPTIVE TECHNOLOGIE

Eine Technologie, die andere ersetzt, komplett neue Industrien schafft und radikal verändert, wie wir leben. Historische Beispiele sind das Internet, Autos, TV, die beweglichen Drucklettern und das Rad.

ELEKTROMAGNETISCHES KATAPULT

Gewöhnlich auf Flugzeugträgern zu finden und vergleichbar mit der Funktionsweise einer Railgun-Waffe, die Elektromagnetismus nutzt, um ein Metallobjekt mithilfe positiv und negativ geladener Schienen zu beschleunigen.

eVTOL

Elektrisch angetriebenes Fluggerät (*electric Vertical Take-Off and Landing aircraft*), das mit allseitig beweglichen Propellern oder elektrischen Mantelpropellern Schub erzeugt, um zu schweben, vertikal zu starten und zu landen.

FOSSILER BRENNSTOFF

Kohlenstoffreiche Brennstoffe aus Pflanzen, Tieren und Mikroben, die über Millionen von Jahren unter der Erde zersetzt wurden. Zum Beispiel Kohle aus uralten Bäumen oder Öl aus uralten Meerespflanzen, Algen und Bakterien.

g-KRAFT

Kurz für *gravitational force equivalent*, also die Kraft, die versucht, dir bei extremer Beschleunigung deine Wangen aus dem Gesicht zu ziehen. 1 g entspricht der Schwerkraft. Ein Hypercar verursacht etwa 1,4 g. Bei um die 4–5 g wird man ohnmächtig, bei etwa 9 g stirbt man.

INDUSTRIELLE REVOLUTION

Begann in England in der Mitte des 18. Jahrhunderts. James Watts Dampfmaschine war dabei zentral. Maschinen, die mit fossilen Brennstoffen liefen, übernahmen nun menschliche Arbeit. Viele Maschinen = enormer CO_2-Ausstoß. Sie veränderte die Wirtschaft, die Gesellschaft und die Natur in gigantischem Ausmaß.

INVASIVE ARTEN

Eingeführte, nicht heimische Pflanzen oder Tiere, die sich schnell ausbreiten und dem Ökosystem Schaden zufügen. Typische Beispiele sind Ratten, Katzen, Aga-Kröten und Menschen.

IN-VITRO-FLEISCH

Tierzellen werden gezüchtet, vervielfältigt und biogedruckt, oft in Bioreaktoren auf essbaren «Gerüsten», um echtes Fleisch herzustellen. Aus vervielfältigten Zellen einer Kuh können angeblich 175 Millionen Burger gemacht werden.

KOHLENDIOXID (CO_2)

Nützlich, um Coca-Cola herzustellen und Eiszeiten zu beenden. CO_2 ist das am meisten vom Menschen freigesetzte Treibhausgas und eine chemische Verbindung von Molekülen mit einem Kohlenstoffatom und zwei Sauerstoffatomen.

KOHLENSTOFFATOM
SAUERSTOFFATOME

KOHLENSTOFFBINDUNG

Kohlendioxid aus der Atmosphäre ziehen und es in fester oder flüssiger Form speichern. Einfach in der Theorie – Pflanzen und Mineralien tun das ständig. Doch für die Menschheit eine monströse Herausforderung, es künstlich und schnell im Gigatonnen-Maßstab zu schaffen.

KOMPOST

Das verfaulte Abendessen vom letzten Jahr zusammen mit kohlenstoffreichen Rohstoffen wie Laub. Riecht seltsam gut. Eine Mikroben-Metropole voller Pflanzennährstoffe, durch die trockene Erde schneller regeneriert als mit künstlichem Dünger, da Pflanzen durch die Mikroben schneller an die Nährstoffe gelangen.

KONZENTRIERTE SOLARENERGIE

Spiegel bündeln einen großen Bereich Sonnenlicht auf einem Empfänger, um Wärme zu sammeln oder Strom herzustellen. Große Systeme nutzen Hunderte haushoher Spiegel und kommen auf bis zu über 1000 Grad.

MEGAFAUNA

Im Grunde du und ich – und andere Tiere, die über 46 kg wiegen. Häufiger sind damit prähistorische große Tiere, die während der Zeit des Pleistozäns lebten, oder heute lebende, sehr große Tiere wie Elefanten gemeint.

METHAN

Wir furzen etwa einen Liter am Tag. Fürze sind zu 7 % aus Methan, also produzieren wir etwa 1/3 Tasse dieses explosiven Treibhausgases täglich. Eine Kuh furzt etwa 7000-mal mehr. Methan wird auch von Deponien und bei Gas- und Ölprojekten produziert.

MIKROBEN

Mikroskopisch kleine Organismen oder Mikroorganismen. Darunter Bakterien, Pilze, Algen, Viren, Fadenwürmer und Arthropoden wie Bodenmilben. 10 Millionen Mikrobenarten sind bekannt, doch es könnten bis zu einer Billion sein.

ÖKOSYSTEM

Eine Gemeinschaft interagierender Organismen wie Pflanzen, Tiere und Mikroben, einschließlich ihrer physischen Umwelt wie Erde, Luft oder Wasser, verbunden durch den Austausch von Nährstoffen und Energie.

PFLANZLICHE NÄHRSTOFFE

Mineralien und Chemikalien, die von Pflanzen für Wachstum, Vermehrung, Stoffwechsel und Auffinden weiterer Nährstoffe benötigt werden.

STICKSTOFF
PHOSPHOR
KALIUM
KOHLENSTOFF
ANDERES

PILZE

Der größte Organismus der Welt ist ein einzelner Hallimasch-Pilz, der 9 km² bedeckt. Pilze sind ein Königreich an sporenproduzierenden Organismen, einschließlich Hefepilzen. 120 000 Arten sind bekannt, doch es könnten Millionen sein.

PLEISTOZÄN

Das Erdzeitalter, das vor 2,5 Millionen Jahren begann und vor 11 700 Jahren endete. Es umfasst die letzte Eiszeit, bei der erstaunlicherweise viele Megafauna-Arten verschwanden und deine Urur(x400)-Großmutter feuerlöschergroße Keulen aß.

PRÄZISIONSFERMENTATION

Mikroben in einem Bioreaktor vervielfältigen, um bestimmte Produkte herzustellen. Im Fall von Solar Foods werden den Bakterien Wasserstoff und Nährstoffe zugeführt (was beides aus der Luft bezogen werden kann), die daraufhin Protein herstellen.

REWILDING

Wiederherstellung von Ökosystemen in großem Maßstab durch Entfernen invasiver Arten, Wiederansiedlung verlorener Arten, Wiederherstellung von Wasserwegen, Sich-zurück-Ziehen und Der-Natur-ihren-Lauf-Lassen.

SCHLÜSSELART

Eine Art, die in Relation zu ihrer geringen Anzahl einen entscheidenden Einfluss auf ihr Ökosystem hat und so hilft, es stabil zu halten. Zum Beispiel der Wolf, der die Vielfalt der Wälder stärkt, indem er die Population von Grünzeug fressenden Hirschen reguliert.

TERRA PRETA

Dunkle, kreidereiche, sehr fruchtbare Erde, vor über 2500 Jahren von den Völkern des Amazonas-Regenwaldes erfunden. Bekannt dafür, Pflanzenerträge mithilfe der in ihr lebenden nützlichen Mikroben zu steigern. Pflanzenkohle ist eine modern produzierte Variante.

TREIBHAUSGASE

Diese Gase halten die Sonnenwärme in der Atmosphäre fest. So erhöht sich die Durchschnittstemperatur auf der Erde und unser Klima verändert sich. Wichtige Treibhausgase sind Wasserdampf, Kohlendioxid, Methan und Lachgas.

TROPHISCHE KASKADE

Ein Dominoeffekt der Ökosysteme, bei dem das Auftauchen oder Verschwinden eines Spitzenräubers rasche Veränderungen der Nahrungskette verursacht. Beispiele sind der Verlust der Mammuts und anderer Megafauna und die Rückkehr von Wolf und Biber.

ULTRAVERWILDERN/ ULTRAWILDING

Urbane Gebiete technologisch und biologisch so schnell wie möglich in Ökosysteme und so in Habitate für Wildtiere, Wildpflanzen und Wildmenschen umwandeln.

VERBUNDWERKSTOFF

Rennradrahmen, Knochen und Zähne. In einem Verbundwerkstoff werden 2 oder mehr Materialien mit unterschiedlichen mechanischen Eigenschaften zu einem neuen, härteren oder stabileren Supermaterial kombiniert.

WELTRAUMGESTÜTZTE SOLARENERGIE

Im Weltraum braucht man mehr Sonnencreme – es gibt keinen atmosphärischen Filter. Doch man könnte dort theoretisch mit Solarzellen auf Satelliten rund um die Uhr hochintensive Solarenergie sammeln, sie als Radiowellen zur Erde schicken und in Strom umwandeln.

REGISTER

NACHWORT

Dieses Buch folgt meiner Reise, auf der ich mich intensiv mit dem Thema Rewilding beschäftige und über die total absurde Idee brainstorme, Städte zu verwildern – ich nenne das Ultrawilding. Wie jede gute Brainstorming-Session, die immer wilder und komplexer wird, bevor man auf die besten Ideen kommt, ist es natürlich das ultimative Ziel des Ultraverwilderns, dazu beizutragen, elegante Design-Lösungen zu finden. Also Ideen, die auf einfachste Weise das Beste für die Natur erreichen.

Der Philosoph William of Ockham hat es im 14. Jahrhundert am besten ausgedrückt, als er eine Faustregel aufschrieb, die wir heute «Ockhams Rasiermesser» nennen und die man in etwa so zusammenfassen kann:

Die einfachste Lösung ist fast immer die beste.

Städte so schnell wie möglich ultrazuverwildern, erfordert aberwitzig dramatische Veränderungen unserer Lebensweise. Es braucht unfassbar komplexe neue Hilfsmittel. Und wird ein ungeheuer chaotischer Spaß!

Doch das Rewilding an sich – der Natur zu helfen, sich in ihrer Geschwindigkeit selbst zu erneuern – ist eine wunderschön simple und sanfte Lowtech-Philosophie. Eine Möglichkeit, die Biodiversität massiv zu erhöhen und den Klimawandel und das Artensterben mit sehr wenig Beeinträchtigungen des menschlichen Lebens zu bekämpfen. Rewilding kostet wenig. Und fast jede und jeder kann mitmachen und noch heute etwas bewegen.

Aus diesem Grund ziehe ich meinen Hut vor all den Macherinnen und Machern der Welt – den Millionen von Menschen, die genau jetzt Bäume pflanzen, Ökosysteme erforschen, für die Natur kämpfen und geduldig Schritt für Schritt mithelfen, unsere Biosphäre wiederherzustellen. Wie in meiner Heimat Aotearoa (Neuseeland), wo Tausende sich an dem Predator-Free-2050-Projekt beteiligten und zu Bürgerwissenschaftlerinnen und -wissenschaftlern wurden – die Natur vermaßen, Rattenfallen erfanden, bauten und aufstellten, Vögel, Insekten und Reptilien wiederansiedelten und Bäume pflanzten in einem landesweiten Versuch, heimische Wälder wiederaufzuforsten.

Abschließend bringe ich meinen Respekt für all die unzähligen indigenen Erfinderinnen und Ökosystem-Management-Pioniere zum Ausdruck. Ihr Verhältnis zur Natur war und ist gekennzeichnet von Weisheit, Verbundenheit, Verantwortung und Partnerschaftlichkeit – beste Voraussetzungen für zeitlose Erfindungen.

Ich danke euch wilden Denkerinnen und Machern, durch alle Zeit hinweg und überall.

Kia kaha – bleibt stark.
Steve Mushin, Te Whanganui-a-Tara, Aotearoa, 2023

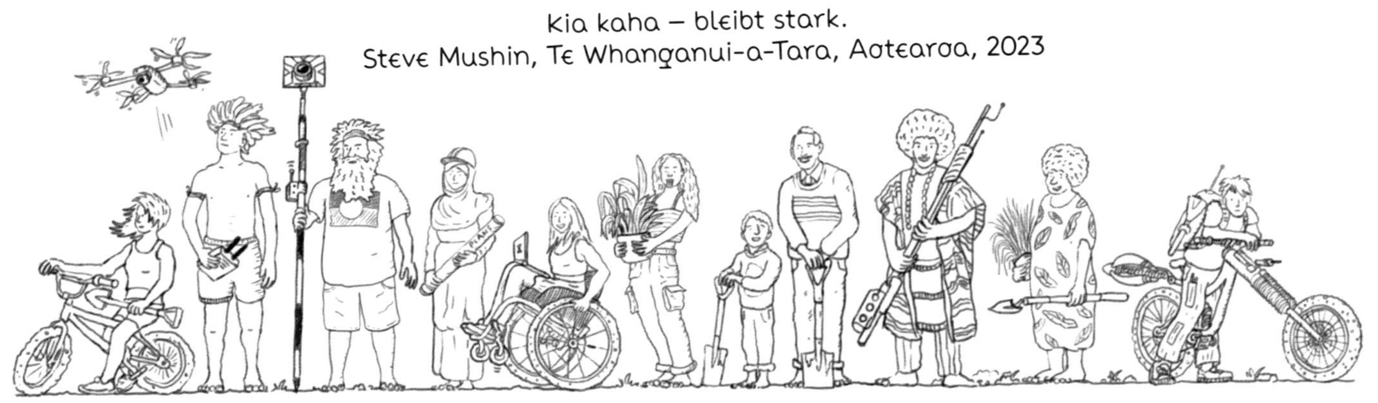

«Der vernünftige Mensch passt sich der Welt an, der unvernünftige besteht darauf, dass die Welt sich nach ihm richtet. Deshalb hängt jeder Fortschritt vom unvernünftigen Menschen ab.»

GEORGE BERNARD SHAW, irischer Dramatiker und politischer Aktivist

Für Lucille,
Claudia und Jerry

Die englische Originalausgabe erschien 2023 unter dem Titel
«Ultrawild: An Audacious Place to Rewild Every City on Earth»
bei Allen & Unwin, Sydney.

Deutsche Erstausgabe
Erschienen bei Rotfuchs, einem Imprint von Fischer Sauerländer

Lektorat: Isabelle Erler
Umschlaggestaltung: Cordula Schmidt Design, Hamburg,
nach dem Original von Allen & Unwin 2023
Umschlagabbildungen: Steve Mushin 2023
Satz: Neue Comic durch Konstantin Kleinwächter
Druck und Bindung: Druckerei Dimograf Sp. z o.o. (Printed in Poland)
ISBN 978-3-7571-0100-8

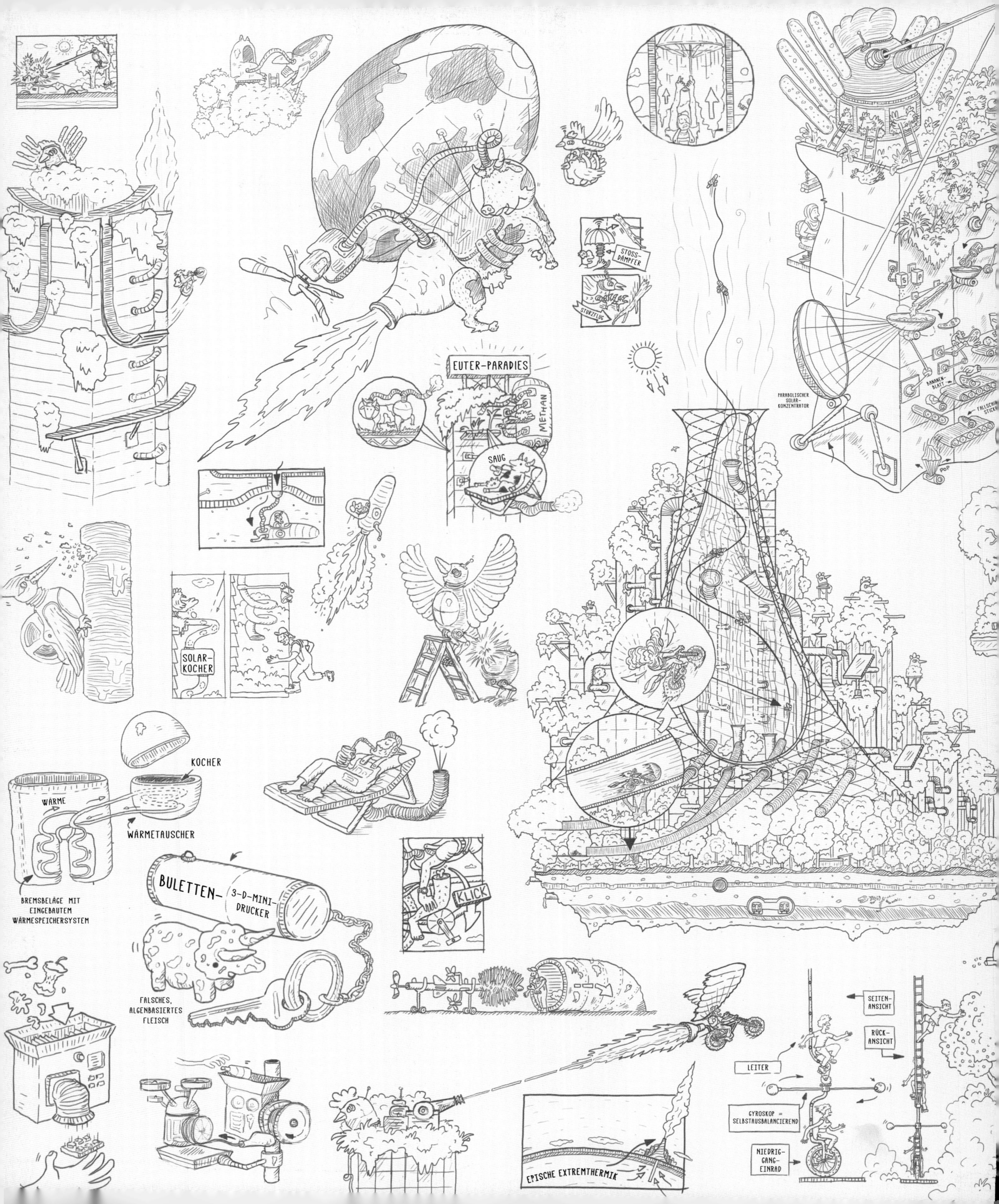
STOSS-
DÄMPFER
STURZFLUG
EUTER-PARADIES
METHAN
SAUG
PARABOLISCHER
SOLAR-
KONZENTRATOR
BANANEN-
BLATT
POP
SOLAR-
KOCHER
KOCHER
WÄRME
WÄRMETAUSCHER
BREMSBELÄGE MIT
EINGEBAUTEM
WÄRMESPEICHERSYSTEM
BULETTEN-
3-D-MINI-
DRUCKER
FALSCHES,
ALGENBASIERTES
FLEISCH
KLICK
SEITEN-
ANSICHT
RÜCK-
ANSICHT
LEITER
GYROSKOP =
SELBSTAUSBALANCIEREND
NIEDRIG-
GANG-
EINRAD
EPISCHE EXTREMTHERMIK